चामल खानेहरू र चौलानी पिउनेहरू

कविता सङ्ग्रह

सन्तोष लामिछाने

जनमत प्रकाशन, काभ्रे

Porridge Eaters
& Gruel Drinkers

A Nepali Poetry Collection

Santosh Lamichhane

Janamat Publications
Kavre, Nepal

© २०७२, सन्तोष लामिछाने
सर्वाधिकार लेखकमा

पहिलो संस्करण

आई एस बी एन १३ : ९७८-९९३७-२-९९८३-१
आई एस बी एन १० : ९९३७-२-९९८३-७

जनमत प्रकाशन, काभ्रे
नेपाल

आवरण चित्रः पूनम पोखेल भट्टराई
लेआउट डिजाइनः आनन्द कुमार महर्जन

First edition

ISBN - 13 : 978-9937-2-9983-1
ISBN -10 : 9937-2-9983-7

Janamat Publications, Kavre
Nepal

Cover Art by: Poonam Pokhrel Bhattrai
Layout Design: Ananda K. Maharjan

This poetry collection is primarily written in Nepali language using Devanagari script. Only some poems have been translated into English

प्रकाशकीय

भाषा–साहित्यका क्षेत्रमा अर्थात् वाङ्मय जगत्‌मा निरन्तर सेवा पुर्याउँदै जाने हाम्रो उद्देश्य हो । यस उद्देश्य अनुसार हामीले आफूसक्दो समर्पित भएर जनमतलाई साहित्यिक मासिकका रूपमा सम्प्रेषण गर्न पाएका छौं, थुप्रै खालका लेखकहरूका पुस्तकहरू प्रकाशन गर्न पाएका छौं र थुप्रै क्षेत्रका लेखक, कलाकार तथा शिक्षासेवी–समाजसेवीहरूलाई सम्मान गर्ने अवसर जुटाएका छौं । त्यसैले हामी सधैं तप्तर र सङ्कल्पवद्ध छौं – स्रष्टाहरूको सम्मान गर्न, साहित्यिक कार्यक्रम गर्न र गराउन, स्रष्टाहरूको स्वागत सत्कार गर्न, वाङ्मयका विविध विधाका कृतिहरू प्रकाशन गर्न, साहित्यिक मासिक भई सम्प्रेषण भइरहन, पुस्तक उपहार कार्यक्रम सञ्चालन गर्न, राष्ट्रभाषा र राष्ट्रिय भाषाका उत्थानका लागि सक्दो सहयोग पुर्याउन, ओझेलमा परेका मोफसलका स्रष्टाहरूलाई जनमानसमा प्रचार गर्न, राष्ट्रिय तथा अन्तर्राष्ट्रिय स्तरमा साहित्यिक सम्बन्ध कायम गर्न र यस्तै–यस्तै खालका साहित्यिक क्रियाकलापमा रमाउँदै जनमत प्रकाशन गरी साहित्यिक सेवामा सधैं रमाउन ।

सन्तोष लामिछाने अमेरिकामा बसोबास गर्छन् । अध्ययन र काममा आफूलाई घोलेर साहित्य लेख्छन्, छाप्छन् र साहित्यिक जगत्‌सँग मन गाँस्ने गर्छन् । सन्तोष लामिछानेका बुबा भरत लामिछाने मेरा प्रिय मित्र हुन् । एकदिन समय मिलाएर बाबुसँगै डोरिएर मकहाँ आइपुगे । जनमतसँग मित्रता जोडेर अमेरिका फर्के । अमेरिकामा बसोबास गरेका नेपालीहरूको लेख–रचना सङ्कलन गरी जनमतमा पठाउने कार्य पनि यिनले गरे । मेरा लागि र जनमतका लागि अमेरिकाका भरपर्दा मित्र भइदिएका छन् – सन्तोष लामिछाने ।

कवितामा मन गाँसेर कविता लेख्दै आएका कवि सन्तोष लामिछाने आफ्नो कवितासङ्ग्रह मार्फत् 'चामल खानेहरू र चौलानी पिउनेहरू' का कथा केलाउन प्रयत्न गर्छन् । यस खालको भेदलाई आधार बनाएर कवितासङ्ग्रहमा मानवीयताका सुन्दर कथन कवितामार्फत् पोख्न खोज्छन् ।

जनमतप्रतिको उनको मोहले जनमत प्रकाशनबाट पुस्तक प्रकाशन गर्ने उनको इच्छालाई साकार पार्न जनमतले पुस्तक प्रकाशनको जिम्मा लिइएको छ । उनको इच्छा कवितामय बन्दै जाओस् – शुभकामना छ ।

– मोहन दुवाल
अध्यक्ष
जनमत प्रकाशन नेपाल

सन्तोषका कविता पढ्दा आनन्द मिल्छ

दिनार रनादी

विक्रमाब्द २०६६ हिउँदको कुनै चिसो दिन इगल हाइटको तर्पायाँ मोडमा एउटा युवकसँग मेरो जम्काभेट भयो । उनका चश्मा भित्रका ससाना चम्किला आँखाहरूभित्र मैले कविताका भावहरू छचल्किरहेको प्रस्टै देखेँ । म त्यतिबेला विस्कनसिन राज्यको राजधानी शहर म्याडिसनमा नेपाली साहित्य साँझ (२०६६) को तयारीमा जुटेको थिएँ । कुनै लामो भूमिकाबिना मैले ती युवकसँग साहित्य साँझ कर्यक्रमको लागि एउटा कविता लेख्न आग्रह गरेँ । मेरो आग्रह ठीक ठाउँमा परेछ । युवाकवि सन्तोष लामिछाने मीठो कविता लिएर त्यो वर्षको साहित्य साँझ कार्यक्रममा देखा परे । दोश्रो साहित्य साँझ प्रतियोगितामा प्रथम स्थान ओगटेर सन्तोष कविताहरूमा अब्बल देखा परे । पछिल्लो समयमा आएर म्याडिसनमा सन्तोष नेपाली साहित्य साँझ कार्यक्रमको हर्ताकर्ता नै बनेका छन् ।

सन्तोषका कविता सुन्न पढ्न थालेको पनि ६ वर्ष भैसकेछ । यसपाली त उनले चामल खानेहरू र चौलानी पिउनेहरू शीर्षकको एउटा कविता सङ्ग्रह नै मेरो हातमा थम्याइदिए । उनको यो पहिलो कविता सङ्ग्रह रहेछ । यस सङ्ग्रहमा समाहित सन्तोषका सबै कविता मैले ध्यान दिएर पढेँ । कफिको चुस्कीमा होसपूर्वक पढेँ, मदिरा पिएर बेहोसीमा पढेँ । हो, मैले उनका सबै कविताहरू दोहोर्याइ तेहेर्याइ पढेँ ।

सन्तोषका कविताहरू जेरी जस्तै जेलिएका छन् तर गन्तब्यमा पुगेरै छाड्छन् । सन्तोषका कविताहरू प्रतीकात्मक छन्, उद्देश्य भेट्न थकाइ मार्दै पढ्नु पर्छ । सन्तोषका कविताहरू सुसेल्दा लय निस्कन्छ, गम्दा अर्थ खुल्छ र पढ्दा आनन्द मिल्छ । चियामा चिनी जस्तै घुलाएर उनले आफ्ना कवितामा अङ्ग्रेजी शब्दहरूको पनि प्रयोग गरेका छन् । तर चिनी कतै तितो नहोस, नेपालीमा कुनै कुरा भन्न खोज्दा उपयुत्त र छरितो नहुने भए मात्र अङ्ग्रेजी शब्दको प्रयोग न्यायसँगत होला ।

सन्तोषका कविताहरू अग्रगामी छन् त्यसैले विसंगतिहरूसँग वात मार्छन, समस्याहरू सुसेल्दै सिमान्तकृतहरूको पक्ष लिन्छन् । 'जुत्ता र मोजाहरू' शिर्षकको कविता उनी यसरी पोखिदिन्छन् :

जुत्ता जसले कुल्चन्छ
हर चिज चाट्न बाध्य हुन्छ
मोजा जो प्रायः थुनिन्छ, निसासिन्छ
हो आज तिनै
जुत्ता अनि मोजाका कुरा गर्दैछु

आफ्नी एउटी छोरीको नाम काव्या राखेर सन्तोषले कविताप्रति आफ्नो आगाध अनुराग पोखेका छन् । मेरी छोरी शीर्षकको कविता उनी यसरी पोखिदिन्छन् :

छोरी
तिमी
मैले र तिम्री आमाले रचेको
सर्वोत्तम कृति हौ
मिठासले भरिएकी
मधुर कविता हौ ।

सन्तोषका दुईटी छोरी छन्, काव्या र आर्या । उनका साना साना छोरी जस्तै निश्चल छन् उनका कविता अथवा भनौं उनका कविता जस्तै निश्चल छन् उनका छोरीहरू । आफ्नै कवितालाई अङ्ग्रेजीमा अनुवाद गरेर उनले अङ्ग्रेजी भाषामा आफ्नो पुगिसरी देखाएका छन् । नेपाली कविता अङ्ग्रेजीमा पढ्न रुचाउने पाठकहरूका लागि सन्तोषले राम्रो गुन लगाएका छन् ।

प्रवासमा बसेर पनि नेपाली भाषा साहित्य खास गरी कविता विधामा सन्तोषले देखाएको जाँगर उत्साहप्रद छ । उनको यो जाँगर प्रबुद्ध पाठकहरूको आलोचनाले थकाइमा नटुङ्गियोस् बरु अदम्य उत्साहसाथ अगाडि बढिरहोस् । पाठकको प्रशंसाले मोटाएर अल्छी नबनोस् बरु आत्मानुभूतिमा खारिएर उच्चतामा पुगोस । सन्तोषका कविताले कविताको फाँटमा पाइला एक एक गर्दै सगरमाथा चुमोस् । हार्दिक शुभकामना !

काग तिहार २०७१, म्याडिसन, विस्कन्सिन ।

सन्तोषका कविताले पाठकको मन सजिलै जित्ने छन्

साधुराम तिमिल्सिना

अमेरिकाको व्यस्त बसाइको बावजूद नेपाली साहित्यको क्षेत्रमा योगदान दिने उद्देश्यले रचना गरिएका सम्पूर्ण कविताहरू पठनीय छन् । सामान्य विम्ब र प्रतीक प्रयोग गरी लेखिएका कविता समसामयिक नेपाली समाज र राजनीतिमा देखिएका विकृति विसँगतिप्रति शब्दभेदी बाण बनेका छन् । प्रवासी नेपालीहरूमा नेपाल र नेपालीप्रति साहित्यप्रेम र श्रद्धा रहन्छ भन्ने पनि सहजै बुझ्न सकिन्छ ।

पुस्तक प्रकाशनको प्रथम प्रयास भए पनि सिद्धहस्त लेखकको तुलनामा कृति कम्जोर देखिँदैन । शब्दसंयोजन र भावसंयोजनको विकास र सुधार हरेक लेखकको ध्येय हुने गर्छ । प्रथम प्रयासमा सन्तोषका कविताले पाठकको मन सजिलै जित्ने छन् । यस प्रकाशनले कविलाई अझै उर्जा मिल्नेछ र अझ सशक्त कविता पाठकहरूले पढ्न तथा श्रवण गर्न पाउने छन् भन्ने विश्वास पनि लिएको छु । धन्यवाद ।

टेक्सास, २०७१

आशा लाग्दा कवि सन्तोष

राजेन्द्र तथा सीता अर्याल

"कोइलीले जुन कुञ्जमा गाए पनि मधुर नै गाउँछ र पुष्प जुन वाटिकामा फुले पनि सुन्दर नै फुल्छ" | कवि सन्तोष लामिछानेको सर्तमा पनि यही भनाई चरितार्थ भएको पाउँछौ हामी | "चामल खानेहरू र चौलानी पिउनेहरू" नामक कविता सङ्ग्रह त्यसैको ज्वलन्त उदाहरण हो |

सन्तोषको प्रकाशोन्मुख उक्त कृति रोचकतापूर्वक आद्योपान्त अध्ययन गर्यौं हामीले | ती कविताहरूका प्रस्तुतिमा एकातिर कलात्मकता घोलिएका छन् भने अर्कोतिर रोचक छन् र त पठनीय भएका छन् | त्यसैले ती सबै प्रिय बनेका छन् | कविको अन्तरहृदयदेखि छचल्किएका अनेक भावगत तरङ्गहरू कविताका रूपमा पिङ खेल्दै झुलेका छन् - घरि यता, घरि उता | त्यही झुलनभित्र सन्तोषले राष्ट्रिय भावनालाई राम्ररी सुम्सुम्याएका छन्, नोस्टालजियाले कतिपय सन्दर्भहरूमा भित्रैदेखि तड्पिएका छन् अनि मातृभूमिको स्तुति गरेका छन् |

प्रस्तुत कृति विवेचना गर्ने क्रममा निर्धक्क भन्न सकिन्छ - सन्तोष आशा लाग्दा कविका रूपमा उदाएका छन् | समाजका बिकृति विसंगति र वेथितिहरूबाट चिमोटिएर एकातिर आफ्नो भावना, धारणा र चाहनाहरूलाई कविताको माध्यमबाट पस्कने जमर्को गरेका छन् अर्कोतिर आफ्नो हृदयभित्र गुजुल्टिएर अनि गुम्सिएर रहेका अनगिन्ति अनुभव, अनुभूति र उद्वेलनहरू यसमा प्रकट भएका पाउछौ | देश विदेशका विविध विम्व-प्रतिविम्वहरूलाई अनेक शिर्षकहरूमा समेटेर अनौठो स्वाद पैदा गर्नु उनका कविताका विशेषता हुन् |

गहकिला साहित्यिक शब्दहरू प्रयोग गरी रचिएका सन्तोषका कविताहरूमा कुनै पाण्डित्याइँ भेटिदैन | यो कविता सङ्ग्रह नै सन्तोष लामिछानेको परिचय हो भन्दा फरक पर्ने छैन | यस कृतिको लागि बधाई साथै अन्य कृतिका लागि शुभकामना सन्तोषलाई |

जुलाई २५, २०१५
म्याडिसन, विस्कन्सिन ।

जीवनबोध र सकारात्मक सोचका कविता

डा. रामप्रसाद ज्ञवाली

जनमत प्रकाशन काभ्रेबाट प्रकाशोन्मुख सन्तोष लामिछानेका कविताहरूको कम्प्युटराइज्ड सामग्री हात परेपछि सबैभन्दा पहिले मेरा आँखा गए किताबको नाममा 'चामल खानेहरू र चौलानी पिउनेहरू' । शीर्षक पढ्नासाथ मेरो मनमा दुई वर्गका बिम्बहरू उपस्थित भए हुनेखाने वर्ग र हुँदा खाने वर्ग । हुनेखाने वर्गको बिम्बमा चामल खानेहरू र हुँदा खाने वर्गको बिम्बमा चौलानी पिउनेहरूलाई देखें । यी बिम्बले प्रतीकात्मक अर्थ सम्प्रेषण गरे जस्तो लाग्योस नेपाली समाजको वर्गीय स्वरूपतिर सङ्केत गरे जस्तो लाग्यो । कविता सङ्ग्रहको शीर्षक ध्वन्यात्मक प्रकृतिको हुनु उचित नै हो किनभने साहित्यका अन्य विधाको भाषाशैलीभन्दा कविताको भाषाशैली अलि बेग्लै हुन्छ लयात्मक, बिम्बात्मक, प्रतीकात्मक, आलङ्कारिक र ध्वन्यात्मक । नामकरणमा मैले त्यस्तै भाषाशैली भेटें । त्यसैले कविताहरू पढ्न बाँकी नै भए पनि प्रारम्भिक अनुमान गरेँ यसभित्रका कविताहरू वर्गीय भिन्नतालाई सम्बोधन गर्ने खालक होलान्, कलात्मक भाषाशैलीमा तयार पारिएका होलान् ।

विषयगत विविधता र सम्प्रेषणगत कठिनता पाएँ

युवाकवि सन्तोषका कविताहरू विषय चयनका विविध छन् भने सम्प्रेषणीयताका दृष्टिले जटिल प्रकृतिका छन् । 'चामल खानेहरू र चौलानी पिउनेहरू' कविता सङ्ग्रहका कविताहरू पढ्दै जाँदा मलाई केही बुझें बुझें जस्तो लाग्दै गयो भने केही बुझिनँ बुझिनँ जस्तो पनि लाग्दै गयो । जब 'जुत्ता र मोजाहरू' शीर्षकको कविता पढें तब मात्र मभित्रको पाठक तृप्त भयो । यसमा भावसम्पन्न पद पदावलीको कलात्मक संयोजन छ । वास्तवमा उत्कृष्ट कविताको रचना मन र मस्तिष्क दुवै मिलेर गर्छन् । यस कविताको रचना त्यसरी नै भएको पाएँ । यस कवितामा व्यक्त भएको विचार मलाई मेरै बुझाइअनुरूपको लाग्योस मेरै विचारधाराको लाग्यो । यद्यपि कृतिको नामकरण 'चामल खानेहरू र चौलानी पिउनेहरू' शीर्षकको कविताबाट गरिएको रहेछ तापनि मलाई लाग्यो यस कृतिको नामकरणलाई सबैभन्दा बढी सार्थक 'जुत्ता र मोजाहरू' शीर्षकको कविताले बनाएको छ । मैले सबै कविताहरू रुचिपूर्वक नै पढें । केही सामान्य लागे, तिनले मनलाई छोएनन् । केही दुर्बोध्य लागेस तिनलाई राम्ररी बुझिनँ, नबुझेपछि तिनले पनि मन छुने कुरै भएन । केही राम्रा लागे, तिनले हृदयलाई स्पर्श गरे । मलाई लाग्छ हृदयलाई स्पर्श गर्ने 'जुत्ता र मोजाहरू' जस्ता कविताहरू नै यस कविता सङ्ग्रहका उपलब्धि हुन्, यस्ता कविताले नै कविकर्मलाई सार्थक तुल्याउँछन् ।

'चामल खानेहरू र चौलानी पिउनेहरू' का कविताहरू पढिसकेपछि थाहा पाएँ यो

कृति विभिन्न विषयलाई ग्रहण गरेका कविताहरूको सङ्ग्रह हो । यसमा मूलतः सामाजिक, राजनीतिक तथा आर्थिक विषयका कविताहरू रहेका छन् भने केही सङ्ख्यामा प्रेम, पारिवारिक मोह, प्रकृति, प्राकृतिक वातारण र मानवतालाई विषय बनाइएका कविता छन् । केही कवितामा जीवन र समाजका बारेमा गम्भीर विमर्श गर्ने प्रयत्न गरिएको छ भने धेरैजसो कवितामा जीवनका जटिलताहरूको बोध गर्ने प्रयत्न गरिएको छ । तर पाठकले यी कविताको बोध र यिनमा गरिएको जीवनगत विश्लेषणलाई सहजै बुझ्न सक्दैन । त्यसैले यस सङ्ग्रहका कवितामा मैले विषयगत विविधता र सम्प्रेषणगत कठिनता पाएँ ।

जीवनबोध मुख्य उपलब्धि बनेको छ

जीवनका विभिन्न आयाम र जटिलताहरूको बोध यस सङ्ग्रहका कविताहरूको मुख्य विशेषता हो । यिनमा बाह्य यथार्थको पहिचान वस्तुपरक ढङ्गले गरिएको पाइन्छ भने ऐतिहासिक तथा दार्शनिक दृष्टिले यथार्थका कारणहरूको विश्लेषण चाहिँ सामान्य मात्र छ । जीवन र समाजमा देखिने विसङ्गत यथार्थतिर सङ्केत गर्दै विश्वभरि फैलिँदै गएको अराजकतालाई पनि केही कविताले विषय बनाएका छन् । कवि क्षणक्षणमा जोखिम मोल्न बाध्य जीवन स्थिति, पलपलमा युद्ध गर्न विवश जीवन यात्रा र बारम्बार जटिल परिस्थितिहरूको सामना गर्नुपर्ने कठिन अवस्थासँग परिचित देखिन्छन् । आधुनिकताले उत्पन्न गरेको पुस्ता पुस्ताबिचको दुरी र घट्दो आत्मीयताको ज्ञान पनि कविलाई छ । मौलिकता गुमाउँदै गएको मान्छे र ह्रासोन्मुख हुँदै गएको मानवता अनि यान्त्रिक भौतिकवादको सिकार बन्दै गएको समाजको बोध पनि कविमा छ भने केही कविताले उनलाई जिज्ञासु वा प्रश्नशील कविका रूपमा पनि चिनाउँछन् । यथार्थमा मान्छे के हो ? उसको जीवन के हो ? स्पष्ट उत्तर नपाउनाले कविमनमा अलमल छ । सोही अलमलले सम्प्रेषित कवि प्रकृति र जीवनप्रति प्रश्नशील बनेर प्रस्तुत हुन्छन् । तलको अभिव्यक्तिमा कविभित्रको यही अलमल प्रकट भएको देखिन्छ :

एउटा बालक जन्मेकै वेलामा
एउटा लास घाटतिर गइरहेछ । (खोज)

सन्तोष लामिछानेका कविताहरू विभिन्न अनुभूति र बहुल जीवनबोधका कविता हुन् । 'कोलाहलमा हराएको आवाज' निरन्तर पतनोन्मुख यात्रामा रहेको एउटा बस्ती देखेर चिन्ता व्यक्त गरिएको कविता हो । यसमा ह्रासोन्मुख मानवता, मृत्यून्मुख जीवन, विसङ्गतिउन्मुख समाज र पतनोन्मुख संस्कृतिको बोध गर्दै विपरीत दिशामा हिँडिरहेको जीवन र विकृत बन्दै गएको समाजमाथि व्यङ्ग्य गरिएको छ । भिडमा रहेर पनि मान्छे झन् झन् एक्लिँदै गएको बोध 'एक्लो पथिक' शीर्षकको कवितामा गरिएको छ । देशको काँचुली फेर्न भनी बारम्बार

अनेक प्रयत्न भएका तर देशले कहिल्यै काँचुली फेर्न नसकेको बोध गर्दै रचिएको कविता 'खेर गएका बलिदान' मा नेपाली राजनीतिमा प्रजातन्त्रका अनेक अभ्यास भए पनि तिनले नेपाली जीवन र समाजमा रूपान्तरण हुन नसकेको तथा नेपाली जीवन मुक्त हुन नसकेको बोध गरिएको छ :

जनमकुण्डली धेरैपटक बने
बनाउन खोजिए
तर जननीको कायापलट भएन ।

'चामल खानेहरू र चौलानी पिउनेहरू' भित्रका केही कविताहरूमा सामाजिक तथा आर्थिक बन्धनहरूले निस्सासिएकाहरू तथा प्रताडनाहरूले छट्पटिएकाहरू मुक्तिको खोजमा भएको यथार्थबोध गरिएको छ । 'मुक्तिको पर्खाइ' लगायतका केही कवितामा यस प्रकृतिको बोध पाइन्छ । बाहिरबाट हेर्दा स्वतन्त्र जस्तो देखिने मान्छे भित्र भित्र परतन्त्रताले छट्पटिएको बोध कविले गरेका छन् । 'कैदी' लगायतका केही कवितामा आजको मान्छे अनेक अतृप्त चाहना, अपूर्ण स्वप्न, अनेक आदर्श, अनेक महत्त्वाकाङ्क्षा आदिको कैदी बनेर बाँचिरहेको बुझाइ प्रस्तुत गरिएको छ भने 'भावना पोख्न नसक्दा' शीर्षकको कवितामा इर्ष्या, द्वेष, घृणा, मोह, अहङ्कारबाट मुक्त हुनुपर्नेमा उल्टै मानिसलाई आदिम मनोवेगहरूले झन् झन् उकुसमुकुस बनाइरहेको बोध गरिएको छ । आदिम आवेगहरूको चापका कारण नै संसारमा र खास गरी मानव जीवनमा निःस्वार्थ भन्ने कुनै कुरा नभएको र जुन कुरा वा गुणलाई निःस्वार्थी भन्ने गरिन्छ, यथार्थमा ती पनि कुनै न कुनै रूपमा स्वार्थ नै भएको बोध यस्ता कवितामा व्यक्त गरिएको पाइन्छ । 'अक्सिजन' जस्ता केही कवितामा बाहिरबाट हेर्दा सामान्य लाग्ने तर जीवनका लागि मूल्यवान् रहेका सूक्ष्म कुराको उद्घाटन गरिएको छ भने 'बहुरुपी मान्छे' शीर्षकको कवितामा मान्छेका विभिन्न स्वरूपहरूको पहिचान गर्ने प्रयत्न गरिएको छ । त्यसैले जीवनबोध यस कविता सङ्ग्रहको मुख्य उपलब्धि बनेको छ ।

जीवन र समाजका बारेमा केही विमर्श पनि पाइन्छ

'चामल खानेहरू र चौलानी पिउनेहरू' भित्रका कविताहरूको अर्को महत्त्वपूर्ण पक्ष भनेको मान्छे र जीवनका बारेमा गर्न खोजिएको विमर्श हो । मान्छे के हो ? जीवन के हो ? भन्ने विषयमा कविले कतै जिज्ञासा व्यक्त गरेका छन् भने कतै आफ्नो बुझाइ प्रस्तुत गरेका छन् । निजी बुझाइ प्रस्तुत गरिएको अभिव्यक्तिमा कविको वैचारिकता मुखरित भएको छ । मान्छेको जीवन, उसको विचार र मानव समाज समयानकूल परिवर्तन भइरहन्छन् भन्ने बुझाइ व्यक्त गर्दै 'परिवर्तन' शीर्षकको कवितामा कवि लेख्छन् :

उसलाई अब थाहा छ
समय परिवर्तित भइरहन्छ
आकृतिहरू परिवर्तित भइरहन्छन्
अनि अनुभूतिहरू परिवर्तित भइरहन्छन्
ऊ त केवल
परिवर्तनको साक्षी बस्न सक्छ ।

यस सङ्ग्रहका कविताहरूमा एकातिर चारैतिर बढिरहेको विसङ्गतिलाई लिएर निराशा व्यक्त गरिएको छ भने अर्कातिर जीवन भनेको सार्थक रूपमा बाँच्नका लागि र केही राम्रो गर्नका लागि हो भन्दै आशावादी स्वर प्रस्तुत गरिएको छ । निराशावादी अनुभूति व्यक्त गरिएका कवितामा कविको कुण्ठा पनि अभिव्यक्त भएको छ । कुनै कुनै कवितामा 'मान्छे त छ तर मानवता छैन' भन्ने आशयको अभिव्यक्ति पाइन्छ जुन निराशावादी विचारको परिणाम देखिन्छ । आशावादी विचार व्यक्त गर्ने कविताहरूमा 'परिवेश', 'खोट' 'देशको खबर', 'नववर्ष', 'तारा' 'ज्ञान' लगायतका अनेक कविता छन् । 'देशको खबर' शीर्षकको कवितामा व्यक्त गरिएको तलको अभिव्यक्तिले आशावादी स्वरको प्रतिनिधित्व गर्छ :

म सम्भावनाका क्यानभासमा
आशा मिसाउँदै
रङहरू पोत्दै जान्छु
खबरहरू अनवरत रङ दिँदै जान्छन्
रङहरू बृहत् आभास दिँदै जान्छन्
परिवेशका बकसपत्रहरूले खबरहरू थप्दै जान्छन्
चित्रका खातहरू अग्लिँदै जान्छन् ।

आशावादी स्वर व्यक्त गरिएका कवितामा समाज र मानव मनका विकृति फाल्नुपर्ने सन्देश र फाल्न सकिने विश्वास पाइन्छ भने मान्छेको मानस वा अन्तर्यमा उज्यालो भर्नुपर्ने सन्देश र भर्न सकिने विश्वास पाइन्छ । यीमध्ये केही कविताले ज्ञानको आराधना गर्दै सिपको खोजीतर्फ पाठकलाई अभिप्रेरित गर्ने लक्ष्य लिएको देखिन्छ भने केही कविताले सकारात्मक सोचतर्फ अभिप्रेरित गर्न खोजेको पाइन्छ । 'नववर्ष' शीर्षकको कविताका निम्न लिखित पङ्क्तिहरूमा यस्तै सकारात्मक सोच पाइन्छ :

आशा छ अब आउने नववर्ष
समस्याहरू सुल्झाएर आउनेछ
घाउहरू नबल्झाई आउनेछ

म त्यो नववर्षको प्रतीक्षामा छु ।

यसै गरी 'तारा' शीर्षकको कवितामा सकारात्मक सोच यसरी व्यक्त गरिएको छ :

अहो ! कस्तो निश्छल उद्देश्य
कति मिठो विश्वास
अन्धकारमा उज्यालो मात्रै हेर्न खोज्ने
अहो ! ऊ कति सकारात्मक
ऊ तारा गन्दै जान्छ
ताराहरू उज्यालो छर्कंदै जान्छन् ।

देशप्रतिको भक्ति, धर्तीप्रतिको प्रेम, राष्ट्रियताप्रतिको अनुराग र बलिदानप्रतिको श्रद्धाभावको अभिव्यक्तिका माध्यमबाट पनि कविको सकारात्मक सोच प्रकट भएको छ । 'वीर' शीर्षकको कवितामा वीर पुर्खाले देशको अस्तित्व रक्षाका लागि गरेको त्याग, देखाएको वीरता र दिएको बलिदानको स्मरण गर्दै तिनीहरूप्रति श्रद्धा र सम्मानभाव व्यक्त गरिएको छ भने 'माटोको संसार' शीर्षकको कावितामा धर्ती तथा आफू जन्मेहुर्केको माटोप्रतिको प्रेम प्रकट गरिएको छ ।

प्रस्तुत सङ्ग्रहका केही कवितामा वर्गीय पक्षधरताको स्वर पनि पाइन्छ । यस्ता कवितामा खास गरी उत्पीडित वर्गका व्यथाप्रति सहानुभूति प्रकट गर्दै परतन्त्रताका विरुद्धमा मुक्तिकामी स्वर तथा श्रमजीवी र उत्पीडित वर्गप्रतिको पक्षधरता पाइन्छ । स्वतन्त्रताको माग, वर्गीय उत्पीडनको विरोध र मुक्तिको आकाङ्क्षा व्यक्त गर्ने यस्ता कवितामा नारी, मजदुर र किसानका सकारात्मक कर्मको उदात्तीकरण गरिएको पाइन्छ । 'किसान' शीर्षकको कवितामा किसानका श्रमपूर्ण र सिर्जनशील कर्मको तथा 'अर्थ' तथा 'जुत्ता र मोजाहरू' शीर्षकका कवितामा वर्गीय उत्पीडन र आर्थिक असमनाताको चित्रण गर्दै सम्पन्न वर्ग र विपन्न वर्गका विपरीत जीवन स्थितिको उद्घाटन गरिएको छ भने पुस्तकको नामकरण गरिएको शीर्ष कविता 'चामल खानेहरू र चौलानी पिउनेहरू' मा पनि यही वर्गीय पक्षधरताको अभिव्यक्ति दिइएको छ ।

'जुत्ता र मोजाहरू' प्रतीकात्मक दृष्टिले निकै राम्रो कविता हो । यस कवितामा प्रतिनिधिमूलक प्रारूपीकरण गरिएका शब्द 'खुट्टा', 'जुत्ता' र 'मोजाहरू'ले वर्गीय उत्पीडनको यथार्थलाई प्रतीकात्मक रूपमा व्यक्त गर्छन्स मालिक र मजदुरको भिन्नता बुझाउँछन्स मजदुर वा श्रमजीवीका सत्कर्मको उदात्तीकरण गर्छन् । जुत्ताले आफू खिइएर पनि खुट्टालाई बचाउँछस मोजाले आफू मैलिएर पनि खुट्टालाई सफा राख्छ । दुवैले आफू निसास्सिएर पनि

खुट्टाको रक्षा गर्छन् तर खुट्टालाई मोजा र जुत्ताको मतलब छैन । मोजा वा जुत्ता च्यातिए ऊ फालिदिन्छ र अरू मोजा र जुत्ता लगाउँछ । यसरी बिम्ब र प्रतीकको भाषामा रचिएको यो कविता उत्पीडित वर्ग र उत्पीडक वर्गको सामाजिक तथा मानसिक यथार्थको विश्लेषण गर्न सक्षम भएकाले र कलात्मक पनि भएकाले उत्कृष्ट छ ।

प्रस्तुत कविता सङ्ग्रहका केही कविता नारीका विषयमा लेखिएका छन् । नारी विषयक यस्ता कवितामा कविको प्रगतिशील विचार व्यक्त भएको पाइन्छ । यस्ता कवितामा अनेक उत्पीडन खपेर पनि समाज र परिवारका लागि त्याग गरिरहने आदर्श पात्रका रूपमा नारीको उच्च मूल्याङ्कन गरिएको छ । नारी भनेका दुखको जङ्गलमा पनि आनन्दको प्रकाश छर्ने त्यागी र समर्पित व्यक्तित्व हुन् भन्ने बुझाइ कविको छ । तर तिनै नारी समाजमा नराम्रा बन्धनहरूले बाँधिएका छन् भन्दै 'मुक्ति' शीर्षकको कवितामा उनी नारीमुक्तिका लागि उद्घोष गर्छन् । नारी जागृत भएमा सारा नराम्रा बन्धन तोडिने र उल्टै उत्पीडकहरू नै बन्धनमा पर्ने विश्वास यसमा व्यक्त गरिएको छ ।

यसरी हेर्दा युवाकवि सन्तोष लामिछानेका अनेक कवितामा विचार तत्त्वको उपस्थिति पनि राम्रै पाइन्छ तापनि यी कविता वैचारिकताका दृष्टिले स्पष्ट भने छैनन् किनभने यिनमा दार्शनिक स्पष्टताको अभाव देखिन्छ । कवि लामिछाने दार्शनिक रूपमा कुन धाराका हुन् ? आध्यात्मवादी हुन् ? भौतिकवादी हुन् ? रहस्यवादी हुन् ? यथार्थवादी हुन् ? के हुन् ? यी प्रश्नका स्पष्ट उत्तर यी कविताले दिँदैनन् । केही कविता यस्ता छन् जसमा ईश्वर र धर्ममाथि अविश्वास व्यक्त गरिएको पाइन्छ भने अनेक कविता यस्ता छन् जसमा धर्म र ईश्वरप्रति विश्वास व्यक्त गरिएको पाइन्छ । केही कविता यस्ता छन् जसमा रहस्यवादको प्रभाव पनि उत्तिकै पाइन्छ । 'म को हुँ ?', 'सराप' लगायतका केही कविताहरूमा ईश्वरवादी रहस्यवादले ठाउँ पाएको छ । विचारधारात्मक दृष्टिले हेर्दा आपसमा नै विरोधाभाससहित आएका कविताहरू भएकाले कवि सन्तोष लामिछाने कुनै निश्चित विचारविशेषले निर्देशित भएर नभई तात्क्षणिक अनुभूतिको प्रभावमा परी आत्मिक प्रतिक्रियाका रूपमा कविता लेख्ने कवि देखिन्छन् । आत्मपरकता बढी भए पनि यहाँका कविताहरूमा जीवन र समाजका बारेमा केही विमर्श पनि पाइन्छ ।

भाषाशैलीका दृष्टिले पनि केही कविता उल्लेखनीय छन्

भाषाशैलीका दृष्टिले हेर्दा 'चामल खानेहरू र चौलानी पिउनेहरू' का केही कविता उल्लेखनीय छन् । केही कविता यस्ता छन् जसमा बिम्बप्रतीकको उपस्थिति बाक्लो छ, केहीमा सादृश्य विधान व्यापक छ भने केहीमा रूपक अलङ्कारको आधिक्य पाइन्छ । कवि

जतातते आत्मोक्तिको शैलीमा उपस्थित हुनाले प्रथम पुरुष दृष्टिविन्दुको आधिक्य छ। यस्ता कवितामा प्रकृतिका सादृश्य वस्तु र प्रतीकहरूका माध्यमबाट कथ्यको अभिव्यक्ति दिइएको छ। यस क्रममा केही कवितामा कविले मौलिक शैली निर्माण निर्माण गर्ने प्रयत्न गरेका छन्। मौलिक शैली निर्माणको प्रयत्नका दृष्टिले 'परिवेश', 'जुत्ता र मोजाहरू', 'शून्य शताब्दी', 'चामल खानेहरू र चौलानी पिउनेहरू' लगायत केही कविता महत्त्वपूर्ण छन्।

व्यङ्ग्यशैलीमा रचिएका कवितामध्ये 'शून्य शताब्दी' र 'अर्थ' शीर्षकका कवितामा वर्तमान विश्व र महान् मानिएका वैज्ञानिकहरूमाथि रोचक व्यङ्ग्य पाइन्छ। विकसित मानिस तथा वैज्ञानिकमाथि गरिएका प्रश्नहरू गम्भीर प्रकृतिका छन्। आज विश्वमा एकातिर विकासका अद्भुत उडानहरू चलिरहेका छन्, मान्छे चन्द्रमा र मङ्गल ग्रहसम्म पुगेको छ र धर्तीमा आश्चर्यजनक आविष्कारहरू भइरहेका छन् तर अर्कातिर विकसित र वैज्ञानिक मान्छेकै सामु लाखौं करोडौं दाजुभाइ दिदी बहिनीहरू भोकैनाङ्गै बाँच्न र उत्पीडन भोग्न विवश छन्। आफूलाई विकसित र सभ्य ठान्ने तथा प्रकृतिमाथि विजय गरें भन्नेहरूका लागि योभन्दा ठुलो व्यङ्ग्य अरू के हुन सक्छ ? आफ्नै जातलाई खान, लगाउन, बस्न र न्याय दिन नसक्नेहरूले विकास र विज्ञानको के फुर्ती गर्नु ? उनीहरूले घमन्ड गर्नुको औचित्य के छ ? यस्तै गम्भीर प्रश्न तेस्र्याउँछन् व्यङ्ग्यशैलीका केही कविताले। प्रयोगवादी शैलीका कविताहरू शैलीगत जटिलताका कारणले दुर्बोध्य बनेको अवस्था छ। दुर्बोध्यता र बौद्धिकताका कारण यस्ता कविताहरू सामान्य पाठक मनमा सम्प्रेषण नहुने स्थिति देखिन्छ। 'पिटाइ' 'म मरेको छैन' लगायतका यस्ता कविताहरूमा कसले कसलाई के भन्न खोजेको हो भन्ने कुरा ठम्याउन कठिन छ। अर्थ ठम्याउन नसकेर पाठक रनभुल्लमा पर्छ। यति हुँदाहुँदै पनि भाषाशैलीका दृष्टिले यहाँका केही कविता उल्लेखनीय छन्।

बधाई र शुभ कामना छ

समग्रमा हेर्दा 'चामल खानेहरू र चौलानी पिउनेहरू'मा सङ्कलित यी कविताहरूले मान्छेका भोगाइ, स्वभाव, रुचि, प्रवृत्ति, सपना, महत्त्वाकाङ्क्षा, अतृप्ति, अभाव, गुण आदिको सरसरती अवलोकन गर्नुका साथै तीमाथि केही विमर्श पनि गर्दछन्। यिनले मान्छे आज पनि आदिम आवेग तथा पाशविक मनोवेगबाट मुक्त हुन नसकेको बुझाइ प्रस्तुत गर्छन्। मान्छे, उसको जीवन, समाज व्यवस्था, राजनीति आदि सबै सबै कुराहरू साइकलको चक्का झैं घुमिरहन्छन्, बदलिइरहन्छन्। आजको धनी भोलि कङ्गाल बन्छ भने आजको कङ्गाल भोलि धनी बन्छ। सत्तामा पनि यसरी नै परिवर्तन भइरहन्छ। व्यक्तिको जीवनमा पनि सुखदुःखात्मक परिवर्तन भइरहन्छन् भन्ने बुझाइलाई यी कविताले विभिन्न तरिकाले प्रस्तुत गर्छन्। एकातिर विसङ्गतिहरूले रन्थनिएको बोध र

अर्कोतिर आशा र विश्वासले आश्वस्त बन्दै गएको सोचका कविताका रूपमा पनि यी कवितालाई लिन सकिन्छ । आशा र निराशाको द्वन्द्वमा फसेको जटिल मानसिकताको अभिव्यक्तिका रूपमा पनि यस कविता सङ्ग्रहलाई लिन सकिन्छ । यति धेरै कुराहरू हुँदाहुँदै पनि पाठकीय सम्प्रेषणको सङ्कट र वैचारिक विरोधाभास यी कविताका मुख्य सीमा देखिन्छन् ।

युवाकवि सन्तोष लामिछानेलाई यस कविता सङ्ग्रहको प्रकाशनका लागि हार्दिक बधाई दिन्छु । अमेरिकामा गएर पनि देश नबिर्सेकोमा, पैसाका निम्तिमात्र काम नगरी काव्यिक सिर्जनाको साधना गरेकोमा र कवितालाई केवल मनोरञ्जनको विषय नठानी मान्छेका व्यथाहरूप्रति संवेदनशील भएर प्रस्तुत भएकोमा कविलाई साधुवाद छ । युवाकवि सन्तोष लामिछानेको सकारात्मक कविता यात्रा चलिरहोस्, कविमा विश्वासको ज्योति बलिरहोस् र मानवीय मूल्यको उदात्तीकरण गर्ने 'जुत्ता र मोजाहरू'जस्ता सिर्जनाको खेती फलिरहोस्स शुभ कामना छ ।

काठमाडौँ, नेपाल
rpggyawali@gmail.com

Santosh Lamichane's poems from his collection Porridge Eaters & Gruel Drinkers are very personal and poignant reflections on life. The poems often delve into questions of self and knowing. Mr. Lamichhane's uses of words and meanings draw one into the texts for a very thoughtful journey. I recommend this book.

-Paul Benjamin, Madison, Wisconsin

Santosh Lamichhane shares his intimate and honest observations of life throughout the poems in this volume. His poetry is both comforting and thought-provoking, and any reader will surely find connection with his words.

-Lauren Moscoe, Madison, Wisconsin

यो किताब मेरो हजुरबा स्वर्गीय दधिलाल लामिछानेलाई समर्पित गर्न चहान्छु । खेतमा दिनभरि काम गरेपछि साँझपख उहाँ मलाई आफूसँग गाउँका चिया पसल लिएर जानुहुन्थ्यो । उहाँलाई त्यहाँ हुने जमघटहरू खूब मनपर्थ्यो । त्यहीँबाटै उहाँ समाचार तथा अन्य सामाजिक र राजनीतिक जानकारी पाउनुहुन्थ्यो । उहाँ ती जमघटमा मलाई पनि लिएर जानुहुन्थ्यो ताकि म पनि कुराहरू सुनूँ । मलाई त्यहाँ गरिएका कुनै पनि कुरा याद छैन । तर हजुरबाले भन्नुभएका यी कुरा याद छन् :

मानिसहरूको मुल्याङ्कन तिनीहरूले के बोले वा तिनीहरूले कस्तो अभिप्राय राख्छन् भन्नेकुराबाट होइन, तिनीहरूले के गरे भन्ने कुराबाट हुनुपर्छ ।

तिमीले के गर्यौ मात्र महत्वपूर्ण होइन, तिमीले कसरी गर्यौ पनि त्यत्तिकै महत्वपूर्ण हुन्छ ।

धन्यवाद हजुरबा !

मेरो हजुरबा स्व. **दधिलाल लामिछाने** / My late grandfather Dadhilal Lamichhane

I would like to dedicate this book to my late grandfather, Dadhilal Lamichhane. After a day's work on the farm, during the evenings, he used to take me to the local teatime get-togethers in the village with him. He was very fond of those gatherings. They were his primary source of news: a way to stay updated about political and social issues. He took me along so I could listen with him to what people talked about. I do not remember anything said in those gatherings. But I do remember these things that my grandfather told me:

People should be judged by what they do, not by what they say or intend to do.
How you do things matters as much as what you do.

Thank you, Grandpa!

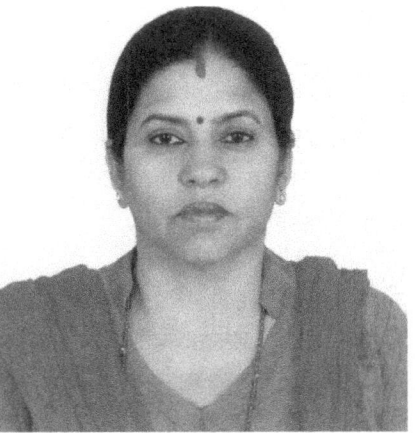

मेरो बुबा डा. भरत प्रसाद लामिछाने र आमा भवानी लामिछाने

मेरो हजुरबा स्व. दधिलाल लामिछाने र ठुलाबा नन्द प्रसाद लामिछाने

मेरा ठूलाबा नन्दप्रसाद लामिछाने सामान्य लेखपढ मात्र गर्नुहुन्छ। उहाँले लेख्नुभएको केही घतलाग्दा पङ्तीहरू तल पेश गरेको छु।

आशा गरी भोट हाली जनताले बनाए नेता
जनतानै भोको पर्दा ती नेता गए कता ?
मातृभूमि नेपाल हाम्रो मिहिनेत गर्ने मजदुर किसान
नेताका झगडाले मेटिने हो कि नेपालकै निशान ?

किन ?

यो पुस्तक प्रकाशन गर्नु अघि मैले धेरै पटक सोचेँ, किन म यो कविता सङ्ग्रह प्रकाशन गर्दैछु ? यो हर कुराले परिपूर्ण सृष्टिमा के कुराको कमी छ ? म के नयाँ कुरा पस्कन सक्छु जुन यो क्षणलाई थाहा छैन ?

हो, संसार सबैकुराले परिपूर्ण छ, हरचिज अहिले नै अनि यहीँ त छ, देख्नसके। तर म हरदिन बिहान उठेपछि केही गर्छु। बाँच्न, आफुलाई मनोरञ्जन दिन वा अलग कुरा अनुभव गर्न। मैले सोचेँ, सबै मानिसलाई विभिन्न कुराको अनुभव गर्न मन लाग्छ।

हो, हाम्रा आ-आफ्नो रुचि हुन्छन्। त्यस्तै रुचि मध्ये कसैलाई अरुका अनुभव अनि भावना कवितामा पढ्न मन लाग्ला। मैले त्यही चाहना राख्नेहरूको लागि लेखेँ, यी शब्दहरू कोरेँ।

Why?

I debated with myself for a long time whether I should publish my poems. I thought, what would I be able to contribute to this perfectly manifested world that it already does not have. What do I know that this moment does not know?

If I know it, the moment knows it as well. Everything is here and Now. All we need is an earnest eye to see it. However, I wake up every day and do things: to survive, to entertain myself, and to enrich my experience. I thought that we all love to experience things.

Yes, we each have our own particular taste and liking. Some of us like to read others' experiences and expressions through poetry.
I wrote my words for those kindred souls.

कविता - सूची / Table of Contents

कविता - सूची / Table of Contents

इच्छाहरूको मृत्यु

इच्छाहरूलाई इन्कार गरें
अनि ती अलग्गिए मबाट
एउटा पृथक सम्बन्धविच्छेदको झल्को दिएर

लालच समाप्त भो
अन्धकार निषेधित भो
दुविधा ध्वस्त
मष्तिस्क मस्त भो

चैतन्यको प्रकटले
अज्ञानताको अन्त्य भो
समर्पणको श्रीगणेशले
निश्चिन्तता नित्य भो

गहिराइमा गाढिँदा
सोच सम्पन्न छ
इच्छाहरू मरेर
सन्तोष उत्पन्न छ

Death of Desires

I defied desires
then they got detached from me
giving a glimpse of
a distinct divorce

Temptations got discontinued
darkness got denied
dilemma got destroyed
then the mind became merry

Emergence of conscience caused
ignorance to end
Debut of surrender made
security permanent

Delving deep developed
enriched consciousness
Desires died
deriving complacence

को हुँ म ?

'म'
मात्र 'म'
मलाई त्यति थाहा छ
भुलेर पनि
मलाई कहिल्यै नसोध्नु
म को हुँ भनेर

मलाई सिर्फ 'म छु' थाहा छ
मलाई म को हुँ थाहा छैन
मलाई म को होइन थाहा छ
अनि मलाई
म के होइन थाहा छ
तर सपनामा होस्
या चरम कल्पनामा
म को हुँ भन्न सक्तिन

म सिर्फ 'म'लाई अनुभूत गर्न सक्छु
म को होइन, त्यो थाहा पाउन सक्छु
म के होइन, जान्न सक्छु
तर म को हुँ
म व्यक्त गर्न सक्तिन
शब्दमा भन्नै सक्तिन

निस्लोट निन्द्रामा वेहोश भएको बेला होस्
या नशाको मातले मैमत्त अवस्थामा होस्
म सिर्फ 'म'को अनुभूति बोकेर हिड्छु
मेरो शब्दकोशमा 'म'को परिभाषा दिने शब्द हुँदैनन्

'म छु' मात्र त्यत्ति जान्दछु
म को हुँ, के हुँ
म भन्नै सक्तिन
म को होइन, अनि के होइन
सिर्फ त्यत्ति जान्दछु
सिर्फ त्यत्ति जान्दछु ।

Who am I ?

'I,'
only 'I,'
that is all I know.
Do not ask me,
even in oblivion,
who I am.

I only know that I am.
I do not know who I am.
I know who I am not
and I know
what I am not.
But, be it in dreams
or in my extended imagination,
I cannot tell who I am.

I can only feel the 'I.'
I can know who I am not.
I can know what I am not.
But, who I am,
I cannot express;
I cannot describe it in words.

Be it in the senselessness of a deep slumber
or in the daze of inebriation,
I only carry the experience of 'I.'
My vocabulary lacks the definition of 'I.'

I am. That I know.
Who am I ? What am I?
I cannot tell.
Who I am not; What I am not;
Only that I know.
Only that I know.

परिवेश

विभक्त मन
आस्थाका अस्थिपञ्जरमा
सयलका चाहाना रोपेर
विकृति छड्काएर आफूमा
हिंसा र अराजकताका सर्जाम बोकेर
बाँचेको छ परिवेश शून्यतामा

विश्वासका स्तम्भ कुल्चेर
धनको धाक दिँदै
समयको टिक टिकसँगै
सभ्यता खौरेर
आयातीत संस्कृतिको सागरमा
लीन मौलिकता भिरेर
निमोठिएको परिस्थितिमा
तप् तप् यथार्थ चुहाएर
बाँचेको छ परिवेश शून्यतामा

मझेरीमा कालो उज्यालो छर्केर
धर्ती, आकाश र वातावरणभित्र
अनकन्टार उज्यालोमा
क्षितिज रङ्गमग्याउने
आतुर अभिलाषासँगै
बिहानीको प्रतीक्षामा
आशाको स्ट्रेचर चढेर
बाँचेको छ परिवेश शून्यतामा

मनको बार्दलीमा
उज्याला किरण देख्न नपाएर
उन्नतिका बुट्यानहरू कुल्चेर
उँधौलीका रक्षानमा पिल्सिई
आरोह अवरोहका पेन्डुलममा
निरर्थक, नीरस अनि निस्तेज योजना हल्लाउँदै
सङ्कीर्ण मानसिकताबाट तुसारोग्रस्त भएर
बाँचेको छ परिवेश शून्यतामा

परिवेशभित्रैबाट
एउटा झिल्को निक्लने छ
अनि विखण्डनता डडाई
प्रत्येकको जीवनमा
विवेकको दियो सल्काउने छ
अनि
शून्यता छिचोल्ने छ
हो त्यही आशामा
बाँचेको छ परिवेश शून्यतामा
केवल शून्यतामा ।

अघोषित युद्ध

हिँडिरहेछु अज्ञात लक्ष्य बोकेर
बाँचिरहेछु जिजीविषा बोकेर
उफ् कस्तो जीवन हो यो ?
जहाँ अस्तित्वका लागि
हरपल हरक्षण योद्धा बन्नुपर्छ

चेट भएको चङ्गा जस्तै
कहिले यहाँ
कहिले वहाँ
तैपनि बाटो कोरिन्छन्
म हिँडिरहेछु
प्रत्येक पदचापमा
सुन्दर भविष्यको कल्पना गाँस्दै
चुपचाप चुपचाप
षड्यन्त्र अनि तिक्डमभित्र
फस्दै निक्लिदै
म जीवनयात्रामा हिँडिरहेछु

अनुभवका डायरीहरू कोर्दै
जीवनलाई परिभाषित गर्न खोज्दै
आस्थाका दुखाइमा
अनि
भोगाइका पीडामा
म क्रमशः अनुवाद भइरहेछु

एकलकाटे संस्कृतिभित्र
विवश भएर
आफ्नो र आफ्नाका लागि
गास, वास र कपासको
अघोषित युद्ध लडिरहेछु

अस्तित्वका लागि
अघोषित युद्ध लडिरहेछु ।

क्रमः

एकपटक पुनः
पर्दा उघ्रन्छ
समयले बाँकटे हानिसकेको छ
ऊ ढुङ्गे युगबाट
आधुनिक सभ्यतामा उत्रिसकेको छ

ऊ गर्व गर्छ
उसमा उन्मादले टाउको उठाइसकेको छ
उसको शहरमा
उसको माटोमा
धाइरोका फूल चुसिँदैन
सिमली कुवाको पानी पिइँदैन

परिस्थितिले कोल्टे फेरिसक्यो
ऊ व्यस्त छ हराउन उसकै सभ्यतामा
उसका बाबु आमा
उसको आकृति आँखाभरि बिछ्याएर
ढुङ्गे युगमा
उधारो आशा लिएर टोलाइरहेछन्

उसले टेकेको माटो
झन् झन् जर्खरिएको छ

धेरै अघि ऊ हिँड्ने बाटोमा
पाइला नपरेर
लेउ लागेछन्

खै कति चल्ने हो यस्तै क्रम ?
अनि
कतिपटक उघ्रने हुन यस्ता पर्दाहरू
म स्वयं अनुत्तरित छु ।
म अनुत्तरित छु ।

जुत्ता र मोजाहरू

भोक र भित्ताहरूको मात्र किन
आज
जुत्ता र मोजाहरूको कथा पनि सुन

जुत्ता जसले कुल्चन्छ
हर चिज चाट्न बाध्य हुन्छ
मोजा जो प्रायः थुनिन्छ, निसासिन्छ
हो आज तिनै
जुत्ता अनि मोजाका कुरा गर्दैछु

जुत्ता सहयात्री हो
शान पनि हो
जुत्ता साह्रै खट्छ
दौडन्छ बारम्बार
जुत्ताले जोगाउँछ
काँडाहरू पनि आफैले कुल्चेर

मोजा आफू मैलिएर
खुट्टालाई सफा राख्छ
आफू निसास्सिएर पनि
आफ्नो कार्य पूरा गर्छ
खुट्टा र जुत्ताको मिलन
सहज बनाउँछ

के तिमी बुझ्छौ, जुत्ताको मर्म,
मोजाको मर्म !

तिमी त
घोट्छौ घोट्छौ
अनि
मिल्काइदिन्छौ जुत्ता
जथाभावी कुल्चिदिन्छौ
तिम्रो के जान्छ ?
बाहिरै थन्क्याइदिन्छौ जुत्ता

तिमी लाउँछौ, लाउँछौ
अनि प्वाल परेपछि फ्याँकिदिन्छौ मोजा
दिनहुँ जुत्ताभित्र निर्मम कोचिराखेर
गनाउँने बनाइदिन्छौ
तिमीलाई के मतलव छ र
साह्रै भयो भने जुत्ता नै खोल्दैनौ

सोच त !
के तिमी जुत्ता जस्तो हुन सक्छौ ?
के तिमी मोजा जस्तो हुन सक्छौ ?

देशको खबर

विदेशमा
श्यामश्वेत पर्दाभित्र
अवसरको व्यापार गर्दछु
यहाँ,
दाऊपेचका पहाडहरूबाट
सुविस्ताका खोला बग्दछन्
तर,
बर्षाको बाढीले
ब्वाँसाका बस्तीहरू बगाउँदैनन्
यहाँका हरेक घरबाट
पक्की सडकहरू निस्कन्छन्
तर ती सडकहरूले
मेरो गन्तव्यमा पुर्याउँदैनन्

यहीँका
दोबाटा अनि चौबाटाहरूमा
अल्मलिएको बेला
देशको खबरले
टाढैबाट खल्बल्याउने गर्छ

टाढाको त्यो खबर
कल्पनामा फिक्का निलो दृश्य दिने गर्छ
देशको खबर पनि आजकल
रातो निलो .... कालो रङ्ग लिएर आउने गर्छ

म सम्भावनाका क्यानभासमा
आशा मिसाउँदै
रङ्गहरू पोत्दै जान्छु
खबरहरू अनवरत रङ्ग दिँदै जान्छन्
रङ्गहरू स्पष्ट आभास दिँदै जान्छन्
परिवेशका पुर्जाले खबरहरू थप्दै जान्छन्
चित्रका खातहरू अग्लिदै जान्छन्

यसरी,
देशको खबर आजकल
रङ्गका छिटा छरिएका
अभिव्यक्तिहरूको फागुपूर्णिमा भएको छ
देशको खबर आजकल
रङ्गका छिटा छरिएका
अभिव्यक्तिहरूको फागुपूर्णिमा भएको छ।

वीरहरू

अँधेरी डङ्यो
उषा जग्मगायो
अनि वीरहरू उर्लिए
पाखुरा बजार्दै
खुकुरीको धारहरू उद्याउदै

तातो रगत
अनि अदम्य साहस
पृथ्वी थर्कियो
रातो नदी बग्यो
वीरहरू लडे
आफ्नो जन्मभूमिप्रति
भएभरको बलबुताले

नालापानी, कुमाऊ अनि गडवालमा
वीरहरू पुगेथे
मुक्तिका लागि वीरहरू
जुर्मुराएका थिए
सन्नाटाको पर्खाल ढालेर
उनीहरू युद्धको मैदानमा उत्रिएका थिए

हरेक नसामा तातो रगत बगाएर
वीरहरू जगत जीवन ब्यूँझने गरी
जङ्गिएका थिए
वैरीहरूको अत्याचारको विरोधमा

बुद्धको उपदेशलाई थाती राखेर
परिस्थितिको पछ्यौरीमा
मातृभूमिको नारा घन्काउँदै
आकाश गर्जेझैं वीरहरू गर्जेका थिए
आफ्नो प्राण आहुती दिन
तत्पर भएका थिए

पौरख सँगाल्दै वीरहरू
लडेथे मुलुकको लागि
देउराली र भञ्ज्याङहरूमा प्रभात ल्याउन
आफ्नी आमाको मुहार हँसाउन

लडेथे वीरहरू प्राण नगएसम्म
डङ्ग्रङ्ग नलडेसम्म
खङ्ग्रङ्ग भएर नढलेसम्म

आजकाल केही मान्छे

आजकल केही मान्छे रातझैं
सुनसान अनि कालो भएका छन्
माकुराको जालोझैं
छोपिएको तिरस्कृत बस्तु भएका छन्

आफ्नै वजनले थिचिएर
लुलो भएका छन्
माटोबाट टुक्राटुक्रा भई अलग्गिएको
सबले कुल्चने धुलो भएका छन्

फूललाई च्यातेर हजार पल्ट
ढुङ्गालाई पुज्ने भएका छन्
यथार्थबाट बेदखल सिद्धान्तमा
हरदम रुझ्ने भएका छन्

आजकल केही मान्छे सोचको काखा
तर मुटुको पाखा भएका छन्
आफूले आफैलाई नदेख्ने
निर्बोध आँखा भएका छन्

Nowadays Some People

Nowadays some people have become
like a night - dark and silent
They have become like cobweb
hidden and neglected object

Crushed by their own burden
they have become frail
Separated from the ground and
shattered into pieces
They get trampled by everyone
like the dust

Tearing flowers thousands of times
they offer prayers to a stone
In theories detached from reality
they keep themselves drenched

Nowadays some people have become
intimate with thoughts
but unfriendly with the heart
They have become a clueless eye
that does not see itself

शब्दहरू

शब्दहरू
यिनै शब्दहरू जस्तै
जब लेखिने, छापिने, वा टाइप मात्र
हुने गर्छन्
भुसुक्क निदाउछन्
सुताहा केरकार बनेर

नपढिए वा नबोलिएसम्म
तिनीहरू टक्क अडिन्छन्
मसीका थोप्लाका झुप्पा भएर

जब मसी उड्छ
वा लेखिने धरातल थोत्रिएर धुलो हुन्छ
अनि मात्र तिनीहरू डेग चल्छन्
हावामा हराएर

तर यदि शब्दहरू पढिए भने वा
वाचन गरिए भने
तिनीहरू सुनिन सक्छन्
सुनिएर बुझिए भने
तिनीहरू पुनः छापिन सक्छन्
मस्तिष्कहरूमा ।

Words

Words
like these
when only typed, written, printed,
doze,
becoming sleepy scribbles.

Unless read or spoken,
they're static,
just bunches of pointless pixels.

Only when ink fades
or surface wears off becoming dust,
do they bother to vanish
in thin air.

But if they are read or recited,
they may be listened to.
If heard,
they may imprint themselves again,
into the minds.

शब्द र भोगाइ

कसैले लेख्नेछन्
तिमीले बोल्न नसकेका कुरा
कहिलेकाँही त्यसरी लेख्नेछन्
जसरी तिमीले भन्न चाहेथ्यौ

तिमीलाई लागेका जस्तै कुरा
तिम्रा जस्तै भावना
तिम्रै जस्तै बुझाइ
कतै न कतै कसै न कसैले त लेखिसके
कि त लेख्नेछन् भविष्यमा

अनि जब तिमीले पढ्नेछौ ती शब्दहरू
तिनले छुनेछन् तिम्रो मन
याद गराउनेछन् तिम्रा अनुभवहरू
बिल्कुल तिम्रो जस्तो अनुभव नहुँदा पनि
तिनले तिमीलाई दिनेछन् एउटा नौलो अनुभव

शब्दमा रहेका क्षणका अवशेष
पढाइसँगै ताजा अनि गाढा हुने गर्छन्
शब्दमा व्यक्त नभएका भोगाइहरू
नभोग्नेहरूबाट टाढा हुने गर्छन्

भोजहरूमा अचेल

कैयौं भोजहरूमा अचेल देखिन्छ
असुरक्षाका भ्रमले आशङ्कित
मानवीय तरलता
त्यहाँ, हाउभाउमा, कमै भेटिन्छन्
सुखद, सम्मोहक, सर्वश्रेष्ठ सरलता

त्यहाँ भेटिन्छन् कति
जवानीको जोश खेर फालेर
बुढेसकालमा होश आएका बृद्धहरू
पवित्र हाँसोका उपहार पस्कदै
दौडने भुराहरू
अनि भलाकुसारीसँगै
सुरु हुन्छन् युवा युवतीका कुराहरू

ती भेलामा
जगाइन्छन् भावनाका भल
बगाइन्छन् स्नेहका जल
ओकलिन्छन् केही अन्तरङ्ग
उक्लिइन्छन् सौहार्दताका भर्याङ

सँगसँगै
भट्याइन्छन् विचार भीषण
सुनाइन्छन् खेलकुदका पुराण
चढिन्छन् सिद्धान्तका भीर
छेडिन्छन् व्यँङ्ग्यका झीर

भोजको अबोध माहोलमा
केही बेचैन आँखाहरू
अरु तेस्तै आँखाहरूसँग चुपचाप ठोक्किन्छन्
मात्र ठोक्किने आँखाहरूले थाहा पाउँछन्

यस्तै यावत कुरा हुने
भोजहरूमा अचेल
आफ्नो समाजप्रतिको आस्थासँगै
भोजनको प्रचुरता र
भौतिक भोगको पराकाष्ठा पनि देखिन्छन्

तर अन्त कतै भने
अनिकालमा भयानक भविष्य पर्खनेका
अनि
अनशनरत चेतनशीलका
भरोसा भाँचिन्छन्

कैयौं भोजहरूमा अचेल
जोश र जाँगरका ढिस्का नासिन्छन्
कर्मको घाम देख्न नपाएका असल आकाङ्क्षाहरू
ताछिएका समयका बोक्रामा टाँसिन्छन्
अनि
कैयौं मोतीका मन झन् झन् भासिन्छन्।
कैयौं मोतीका मन झन् झन् भासिन्छन्।।

सत्यहरू

साना ठूला
अग्ला होचा
सतही गहिरा
पुराना नयाँ
अस्वीकृत स्वीकृत
सत्यहरू धेरै छन्

कति सत्यहरू
भीडमा किचिएर जान्छन्
कति सत्यहरू
फक्रन नपाउदै
चुँडिएर जान्छन्

कति फन्दामा फस्छन्
कति नखुल्ने पोकाभित्र पस्छन्
कति विचारमै मात्र बस्छन्
कति खुम्चिदै खस्छन्

कति सत्यहरू
सम्पन्न अनि शक्तिशालीको भोजमा
खानासँगै चपाइदै जान्छन्
प्रायोजित सत्यहरू भने
बारम्बार दोहोर्याइदै अनि छपाइदै जान्छन्
कति अन्धाधुन्द जपाइदै जान्छन्
कति धकेली धकेली धपाइदै जान्छन्

तर शाश्वत सत्यहरू सधैं स्थिर छन्
तिनको स्वर
तिनको शक्ति
तिनको सामर्थ्य
स्वतः सिद्ध छ

सदा सादा
स्वच्छ अनि साझा
स्वाङ अनि स्वार्थ रहित
शाश्वत सत्यहरू
थाहा पाउन खोजे
पहिल्याउन सके
स्पष्ट अनि सर्बश्रेष्ठ छन्

अक्सिजन

म सर्वत्र
निःशुल्क, जीवनदायी
मलाई देख्दैनौ
तिम्रै वरिपरि
तिमी कुल्चिन्थ्यौ होला
म कुल्चिइने चिज हैन ।

तिमी भाग्न खोज
म तिम्रै वरिपरि घुमिराख्छु
लुकेर बस
म चुमिराख्छु

तिमी बाँच
मेरो लक्ष्य यत्ति हो
म त निःशुल्क
सर्वत्र फैलिएको
निरीह अक्सिजन्
निरीह अक्सिजन् ।

Pitiable Oxygen

Omnipresent,
costless, life–enabling.
Invisible to you,
I am around you.
You would step over me,
yet, I would not be trampled.

Try to flee,
I will always hover around you.
Hide,
I will keep kissing you.

Keeping you alive,
that is my primary purpose.
I am costless,
omnipresent.
Poor oxygen,
pitiable oxygen.

मेरो खोजी

नसोध कसैले
मेरो हालत कस्तो छ भनेर

म त आफूलाई कुरुप ठान्ने
कागझैं भएको छु
परिस्थितिले गर्दा
कहिल्यै नहट्ने दागझैं भएको छु
जीवन जीउने क्रममा
क्रमशः उपेक्षित हुँदै हुँदै
कहिल्यै पुरा नहुने मागझैं भएको छु

सपना बुन्दै
भत्केका सपनाकै वरिपरि
सपना र विपना बीचको अन्योलमा
अभिशप्त बाँचिरहेको छु

संयोगहरू कहिलेकाहीँ अझैपनि
सपनामा उपस्थित हुन्छन्
तर ती काकतालीहरू
पानीको फोका फुटेझैं फुटेपछि
म समयको लिफ्टबाट
आफ्नै परिवशेमा झर्छु
अनि त शून्यता नै जीवनसाथी बन्छ
लाग्छ संयोग त केही पलको पाहुना मात्र हो

एउटा बालक जन्मेकै बेलामा
एउटा लाश घाटतिर गइरहेछ
जीवन जटिल बन्दै जान्छ
सपनाहरू आउँछन्, हराउँछन्
जीवन चलिरहेछ
प्रत्येक दिन
म एकदिनले बूढो हुँदै जान्छु

सोधिहाले कसैले मेरो हालत
म भन्ने गर्छु
हरेक दिन अनेक सोच बोकेर
म खोजमा हिँडेको छु
मलाई थाहा छैन
मैले के खोजीरहेको छु
तैपनि म खोजमा हिँडेको छु
अनवरत
अविरल ।

बहुरुपी मान्छे

कहिलेकाहीँ
कलङ्क छोपेको समाजवादी हो त्यो
कहिलेकाहीँ बुद्धत्व प्राप्त गरेर देखाउँछ

यदाकदा,
नेपोलियनको मुटु लिएर जन्मन्छ
मृगको कायरता लिएर पनि जन्मन्छ

कमिला जस्तो परिश्रमी मात्र होइन त्यो
चेतनाको झिल्को पनि टल्काउँछ
अफसोस कहिलेकाहीँ,
मुखमा राम राम बगलीमा छुरा बोकेर
मानवताको धरोहर नै सल्काउँछ

हो त्यो मान्छे हो
करोडौँ पहिचान र तरिका
करोडौँ चिनारी बोकेको
त्यो मान्छे हो
अनेक परिभाषामा सजिलै उत्तीर्ण
त्यो मान्छे हो

एउटै मोडेलमा
अनेकौँ नानीदेखिका बानी
अनि अनेकौँ व्यक्तित्व बोकेर बाँच्ने
दिमागी विष पिएर
एकलाई अनेक बनाउँदै हिँड्ने
हजारौँ रुप भएको मानिने निलकण्ठझैँ
पृथ्वीमा यत्रतत्र छरिएको
एउटा अनुहारमा हजारौ रुप अटाउने
त्यो बहुरुपी !
मान्छे हो ।

कोलाहलमा हराएको आवाज

शान्त आकाशमुनि
शून्यताको आँचलमा लिप्त
हिमालका टाकुराले छेकिएको
दृष्टिहरूबाट टाढा
एकलासे अन्धकारभित्र
एउटा बस्ती
चारैतिर खोक्रो भयो

त्यहाँ कहिल्यै उज्यालो पस्न सकेन
त्यहाँ बस्नेहरूका ओठ काँपे
आङ सिरिङ्ङ भए
तरपनि सूर्यको प्रकाश देखिएन
मनहरू ठोक्किइ मात्र रहे
बाटो बिराएर पनि उज्यालो पस्तै पसेन
आस्था उम्रेन

विश्वासहरू शब्द भएर टुक्रिरहे
कथा भएर ढिक्का हुनै सकेनन्
मानवताहरू पात भएर झरिरहे
ओछ्यान भएर न्यानोपन दिनै सकेनन्
चेतनाको यातायात हुनै सकेन
मायाँको मितेरी बन्नै सकेन

आदर्श निरन्तर च्यात्तिए
तीनका मूलहरू
बर्षे भेलहरू सुकेझैं सुके
असल विचार भस्म भए

ठूलो जमात
अस्वस्थ, अनुचित, अनपेक्षित होडबाजीमा
व्यस्त भयो
ती जमातका पाइतालामुनि
निर्दोषहरू घुन पिसिएझैं किचिमिची भए

बौलाहापन फोक्सो दुख्ने गरी
आवाज निकाल्दै हिँड्यो
लालच दाउ हेरेर चारै कुनामा लुक्यो
विलासीताले
सत्यको लाशमाथि भोग गर्‍यो

प्रकृति प्रश्रितहरू
कृत्रिम चहकको आक्रमणले
दृष्टिविहीन हुन पुगे

निर्दोषहरू
पापका आँधीहुरीले
आकाशबाट चेट भएर खसेझैं
दिशाविहीन भएर भुईँमा पछारिए
मानवता चाहनेहरू जीवनच्युत भए

चारैतिर काकाकुलहरू जन्मे
मृगहरू पनि
बाउन्न ठक्कर त्रिपन्न घुस्सा खाएर
सिकारी बन्न पुगे

बस्तीमा कुनै सुगन्ध रहेन
केवल अस्थिपञ्जरका कृत्रिम कला सजिए
सभ्यताको मुहानमा
संस्कृतिको चिहान खनियो

परिस्थितिका भुमरीहरूमा
रनभुल्ल खेलाडीहरू
तँछाडमछाड गर्दै
माटोको हारालुछ गरिरहे
मानवताको आवाज भने
कोलाहलमा विलीन भयो
कोलाहलमा विलीन भयो ।

मुक्ति

मेलापातका गोरेटाले
नेपाली चेली !
तिम्रा पैताला पट्पट् फुटेका छन्

तिम्रा मनका इच्छा मनमै मरेका छन्
रहरहरू तुहिएका छन्
मनहरू कुँडिएका छन्
रूढिवदी जन्जिरका बन्धनले
तिम्रा भवनाहरू समेत थुनिएका छन्

उकुसमुकुसका बावजूद
तिमी हरदम समर्पणका धारा बगाउँछ्यौ
यातनाका परेडबाट पनि तिमी
आशाका दियाहरू जलाउँछ्यौ
मायाँको परिभाषालाई
सिर्फ तिमी जीवन्त बनाउँछ्यौ

भन्नेहरूले तिमीलाई
भ्रमको पर्खालभित्र छ्यौ भन्ने गर्छन्
तिनीहरूले त तिम्रो कर्मलाई
अनि तिम्रो भाग्यलाई पनि दोष दिन छोडेनन्
तर तिमीले त मुक्तिको साँचो भिरेर
पर्खाल बाहिरबाट पर्खाल हेरिरहिछ्यौ
पिँजडा बाहिरबाट पिँजडा देखिरहिछ्यौ ।

तिनीहरूलाई थाहै छैन
असलमा त तिनीहरू कैद छन्
पिंजडामा त तिनको मस्तिष्क छ
हो,
अब हामीले ती पिंजडाको
ताल्चा खोल्नु छ ।

किसान

बर्षाको वेगसँगै
किसान सपना सजाउने गर्छन्
तर कहिलेकाहीँ
बर्षाकै बाढीले किसानका खेत बगाउँछन्
तैपनि किसान
खडेरीमा बर्षाकै आकाङ्क्षा बढाउँछन्

किसान इन्द्रेणीका झलकहरू देखेर रमाउँछन्
मन्द हावाहरूद्वारा स्पर्शित हुँदै
बाँधहरू बाँध्दा,
आफ्नो अनुहारमा टल्पलाएका
पसिनाका थोपाहरू
खेतका समाहबाट खस्ने पानीमा मिसाउँछन्

किसानकै पसिना मिश्रित पानीले
भूमि सिञ्चित हुने गर्छ
सुस्केरा हाल्दै
झ्याउरे गीतका भाकामा सुसेली हाल्दै
डाँडा पाखा अनि उकाली ओरालीमा
किसान सङ्गीत छर्कने गर्छन्

ठेला उठेका हातले कोदाली समाउँदै
थाकेका बेलामा आलीमा बसेर विँडी तान्दै
कहिले हो...ओ...रा... हअ्अ का भाकाले
जगत गुञ्जाउँने गर्छन् किसान

कहिले गौँडा गौँडामा
पोल्टाको मकै भट्मास कुरुम कुरुम पार्दै
विशाल फाँटहरूमा
वाउसे गर्ने उर्जा सञ्चित गर्छन्
अनि असारे गीत घन्काउँदै दाँदे कुदाउँछन्
छत्रीघुम ओढेर घाम–पानी नभनी
कर्मयोगमा अभ्यस्त हुन्छन्
साँझपख पँधेरो धाउँदै
निरन्तर परिश्रमको बीउ छर्छन् किसान

प्रकृति प्रेमाशक्त छिन् किसान देखेर
सिर्जना अनि सृष्टिकै
प्यार अनि प्रेमी हुन् किसान
प्यार अनि प्रेमी हुन् किसान ।

योद्धाहरूलाई आह्वान

शून्यताको निस्पट्ट अँध्यारोमा
सत्य खोजें मैले

छचल्किएको मन, खल्बलिएको मस्तिष्क
धड्केको मुटु अनि सशङ्कित
भावना लिएर
सत्यलाई धुइँधुइँती खोजें मैले

उधारा आश्वासन अनि
फर्जी प्रतिज्ञाहरूमा
ओल्टाइपल्टाई सत्यलाई खोजें मैले
आशाको झिनो त्यान्द्रोमा झुण्डिएरै भएपनि
आदर्शका काव्य, काला बजार अनि
पापका भयङ्कर दुष्कृत्यमा पनि खोजें

तर अफसोच
मैले सत्यलाई भेट्नै सकिन

अनायास शब्दकोश पल्टाउन पुगेछु
हो, सत्यलाई भेटें मैले शब्दकोशमा
तर विडम्बना !
सत्य त सिर्फ शब्दकोशमा थन्किएछ

असत्यको प्रहारले
निस्तेज पराजित भएर
घाइते भएर निसङ्कोच बेहोश भएछ सत्य

फेद काटेर ढलेझैं ढलेछ
पहाडबाट खसेझैं खसेछ
मूला काटिएझैं काटिएछ

हरिश्चन्द्रहरूको अनिकाल उमाल्दै
आफैचैं वरफझैं जमेछ सत्य
हार भएछ सत्यको हार
एउटा अशोभनीय र अपत्यारिलो पराजय
हुन नहुने तर भएको पराजय

त्यसैले सत्यले अब
शस्त्रअस्त्र लिएर उठ्नु पर्छ
योद्धाहरू लिएर जुट्नुपर्छ
नत्र सत्य थन्कनेछ, गुम्सनेछ
कैदखानामा कुहिएर गनाउँने छ

हो सत्य तिमीले धिपधिपे बत्तीबाट
उज्यालो फैलाउँदै निस्कनुपर्छ
हायलकायल अवस्थाबाट हारगुहार गर्दै
असत्यमाथि खनिनै पर्छ
आफूलाई समापन हैन तिमीले
फेरि उद्घाटन गर्नुपर्छ ।
फेरि उद्घाटन गर्नुपर्छ ।

गुरूको पहिचान

हुलभित्र,
एउटा मान्छे तलुवा भाँचिएको जुत्तामा उत्रन्छ
उध्रिएको कमिजमा निस्कन्छ
हरेक उतारचढावमा त्यो
स्थिर भएर छाती फुलाउँदै हिँड्दछ

त्यसका भावना छटा छटामा लहरिएका छन्
अनि त्यसको प्रभावले कैयौँ जीवन सार्थक हुन्छन्
प्रेरणा र हुटहुटी जगाउँछ त्यो
ज्ञानको बत्ती सल्काउँछ त्यो
महत्वकाङ्क्षाहरू कुल्चेर
आफ्ना अनुभव लुटाउँछ त्यो
थाहै नपाई
कैयौँ मनका मन्दिरहरूमा
विराजमान छ त्यो

आदर्शका आस्थाले गर्दा
अर्काको भलाइमा
आफ्नो सार्थकता देख्छ त्यो
हो, त्यो गुरु हो
हुलमा हराएको
आफ्नो लागि कहिल्यै नकराएको
हुलको भाकामा आफै भागीदार
तर वशिष्ठ अनि विशिष्ट
एउटा पृथक वालमीकि

हो, त्यो हुलभित्रको
विरल, प्रभावशाली अनि आनन्ददायक
जागरित, आलोकित अनि प्रबुद्ध गुरु हो;
त्यो कैयौँमा एक जागृति हो
त्यो हुलभित्रको गुरु हो ।

ज्ञान

न पैसाको दासता स्विकार्छ
न त शक्तिको कमारो
सिर्फ विवेकीको भाइचारा

न अंशबन्डा हुने
न त चोर्न नै सकिने
सकिन्न अनि रित्तिन्न
बाँडेर झन् बढ्दछ

अन्धकारको ज्योति
अज्ञानीको ओखती
समयसँगै पुरानो नहुने
हरेक आपतमा साथ दिने

व्यक्तिको शोभा बढाउने
जीवन सरल बनाउने
मृत्यु अर्थपूर्ण जनाउँने

दिव्यदृष्टिको उपहार दिई
ब्रम्ह अवगत गराउने
इन्द्रीयहरूको सम्राट
बुद्धिको माउते

अलिखित अव्यक्त अनि अविनाशी
दर्शनको सागरमा उड्ने बाफ
चुचुराको टाउको टेक्ने हिउँ
चम्किलो घाम छेड्ने अदृश्य शीतल

अनेकौँलाई मार्ग देखाइदिने
ज्ञान,
केवल ज्ञान ।

साक्षी

भावनाको घोप्टेभीर
मनको जोगीमारामा घुम्ती बदल्छ
अनि आकाङ्क्षाका खोरियामा
विचारको जुधाइ सुरु हुन्छ

रित्तोपन लुकाउँदै
शासकहरू हात बाँधेर
मुकुण्डो कसाउँछन्
अनि एउटा नाटकीय
यात्रा सुरु हुन्छ

पहिराहरू आतुर छन्
धरातल उल्ट्याउन
भूकम्पहरू खुट्टा उचाल्छन्
धर्ती हल्लाउँन
बाढीहरू सल्बलाउँछन्
सिर्जना बगाउन

ध्वजा पताका फिजारिन्छन्
रङ्गमञ्च सजिन्छ
गीत रचिन्छ
सङ्गीत पस्किइन्छ
विस्तारै चिहान उठ्न थाल्छ
सपना विपना जस्तै लाग्न थाल्छ

दर्शक भुलिन्छन्
सिठ्ठी बज्छन्
ताली पड्कन्छ

विश्वविद्यालयहरू निरर्थक हुन्छन्
प्राध्यापकहरू घुँडा टेकेर
ज्ञानको भीख माग्न थाल्छन्
ढुङ्गाका मूर्तिहरू
पैतालाका डोबहरूले भरिन्छन्
बुद्धिजीवीहरू भँडखारामा पुरिन्छन्
तक्मा भिर्ने मै हुँभन्नेहरू
बन्दीगृहका कैदीमा फेरिन्छन्

कोलाहल ठप्प छ
मस्तिष्क शून्य–शून्य
निडर निरुत्साहित
एउटा साक्षी
सिर्फ हेरिरहन्छ
सुनिरहन्छ
आँखा खोलेर अनि आँखा बन्द गरेर
सधैँ व्युँझिरहन्छ
अनवरत
एउटा साक्षी व्युँझिरहन्छ
व्युँझाइरहन्छ ।

Witness

Swirls of feelings whirl,
around the abyss of mind.
Then, in the fields of desire,
wrangling of ideas begins.

Rulers hide their emptiness,
behind a facade,
arms folded.
Then begins a dramatic travel.

Landslides are eager
to turn the base over.
Earthquakes are geared up
to stir the earth.
Floods fret
to inundate the creation.

A stage is decorated
with ribbons and adornments.
Songs are written;
music is composed.
Gradually,
grave breathes life.
Dream tangles in reality.
The audience gets consumed.

Whistles are blown.
Applause is heard.

Universities become meaningless.
Professors kneel and beg for
knowledge.
Footprints consume
the statues of God.
Intellectuals are buried
in the ditches.
Laureates are incarcerated.

The cacophony stops.
The brain is full of nothingness.
Fearless, unexcited;
one Witness,
just watches and listens.
With eyes opened
and with eyes closed,
the witness is always awake;
the witness always awakens.
The witness is always awake;
The witness always awakens.

हनन भएको स्वतन्त्रता

कथा धेरै लेखिए
सम्झौता धेरै देखिए

सोचेथें म स्वतन्त्र छु
चराहरूझैं स्वच्छन्द छु

तैपनि पँखेटा काटिने डर छ
स्वतन्त्र अभिव्यक्तिको गला रेटिने डर छ

हतियारहरू उद्याइएका छन्
अनि ताकेर तेर्स्याइएका छन्
हरेक फरक बिचारलाई पाखा लगाउन

बहानाहरू थुप्र्याइन्छन् चाहनाहरू रोक्न
कसैको सनकको शासन चलाउन

खोला बगाइन्छन्
किनारका आपत्तिजनक लाग्ने धर्सा मेटाउन

दुर्गति गराइन्छ करोडौँको
एउटालाई गति दिन

दुर्घटना गराइन्छ
छोटा मोटा घटना घटाउन

विश्वासघात गरिन्छ करोडौँमाथि
दुईचारको नुनको सोझो गर्न

यस्तोमा स्वतन्त्रता अँगालेर
म कसरी भावना सँगाल्न सकूँ ?

प्रतिरोधको बेला
कसरी मनको अनुरोध लेख्न सकूँ ?

शक्तिमानहरूले दबाउने माहोलमा
एउटा निर्बल म
कसरी स्वच्छन्द हुन सकूँ ?

हनन भएको स्वतन्त्रता
कसरी जोगाउन सकूँ ?

शून्य शताब्दी

एक्काइसौं शताब्दीमा
मान्छेले मङ्गल टेक्छ रे

खाली खुट्टा अनि भोको पेट लिएर
एउटा मजदुर
टाइफाइड ग्रसित मित्रलाई
सडकमा खुइय्य खुइय्य गरेको हेरिरहेछ

मेरै शहरमा साहुहरूले
फ्यालेको खाना देखेर
एउटा बालक
घुटु घुटु थुक निल्छ

कहिलेकाहीँ लाग्छ
के मानव सभ्यता यस्तै हो ?

हो म उडेर धेरै टाढा
थोरै समयमा पुग्न सक्छु
दुई चार नम्बर थिचेर
सात समुन्द्रपारि कुरा गर्न पनि सक्छु
तर के गर्नु
म भोको पेट भर्न
चक्कु बोकेर लुट्न हिंड्नेलाई रोक्न सक्तिन

बेरोजगारीले बेहाल
बिरामी आमाको
इन्तु न चिन्तु अवस्था देखी
बन्दुक बोकेको एउटा युवालाई
रोक्न सक्तिन

हो म संसारको हरेक घटना
एकैछिनमा थाहा पाउन सक्छु
तर मेरै संसारका अत्याचारीहरूले
पापी निर्दयीहरूले
युद्धका नाममा मारेका
बालक, वृद्ध, निर्दोष मान्छेलाई
जोगाउन सक्तिन

यही हो !
मानवता एक्काइसौं शताब्दीमा पुगेको ?
लाग्छ, मानवता सुरु नै भएको छैन

म त केवल शून्य शताब्दीको मान्छे
केवल शून्य शताब्दीको मान्छे ।

मुक्तिको पर्खाइ

मुक्ति,
ऊ हिजोपनि मुक्तिको पर्खाइमा थियो
आज पनि मुक्तिकै पर्खाइमा छ
सायद भोलि पनि मुक्तिकै पर्खाइमा हुनेछ

मुक्ति नपाएसम्म
उसको मृगतृष्णा मेटिने छैन

त्यसैले प्रश्नवाचक भएर
ऊ पर्खने छ

मनको डिलमा
मुक्तिको सपना रोपेर
ऊ कुरिरहने छ

हृदयका कान्ला कान्लामा
मुक्तिकै बाटो कुर्ने छ

मनका अन्तरद्वन्द्वहरूमा
मुक्तिको विजय
आँखाभरि खोज्ने छ उसले

मुक्ति आउला भनेर
अनेकौँ दोबाटा चौबाटाहरूमा
हृदयका पाटाहरूमा
फूलगुच्छा लिएर स्वागत गर्न
अठोटका साथ ऊ पर्खिरहने छ

मनको कोलाहलमा मात्र होइन
स्तब्धतामा पनि
मुक्ति उच्छिट्टिहाल्छ कि भनेर
ऊ चनाखो भइरहनेछ
मुक्ति टिप्नलाई ऊ
चनाखो भइरहने छ ।

निष्पक्ष भएर हेर

म समयसँग बग्दै गर्दा
तिमी मस्तिष्कको चोटाबाट
चिन्तनका चिउरा चपाउँदै
ममाथि चोर औँला ठड्याउँने गर्छौ

तिमीभित्रै च्याप्पिएर
उकुस मुकुस भएका सपनामा चोबलेर
तिमी मलाई पश्चात्ताप पस्कने गर्छौ

मरुभूमिमा निरन्तर हिँडिरहेको
एउटा उँटको थकाइमार्ने धोको जस्तो गरी
कुण्ठा र पूर्वाग्रहहरूको पोको खोतलेर
तिमी मलाई खोटको चश्माले हेर्ने गर्छौ

हे आफूले आफैँलाई निर्णयक सोच्नेहरू !
एकपटक स्वच्छ मन लिएर सोच
तटस्थ भएर निष्कर्ष निकालेर हेर
नियोजित होइन निरपेक्ष भएर फैसला गर

अनि तिम्रा जन्मान्ध इन्द्रीयहरूले
क्षणहरू बग्दै गर्दा
सृष्टिका हजारौँ रङ्गहरू देख्नेछन्
तिम्रा संवेदनाहरू
मानवताका दृष्टान्त भएर जाग्नेछन्
तिमीले निर्जीव देखेर
इन्कार गरेका सृष्टिका झुप्राहरू
सिर्जनाका उत्पात ठूला इमारत भएर उठ्नेछन्
हरेक क्षणका सुन्दर नालीबेलीहरू !
तिम्रो पट्यारका पटक्कै सिकार हुने छैनन्

सङ्गसङ्गै
क्षणकै छहारीमा तिमी आफैपनि
उन्मुक्त हुँदै जानेछौ
अनि उन्माद र उत्साहका उदयले
खोटको उत्पत्ति हुनै छाड्ने छ
खोटको उत्पत्ति हुनै छाड्ने छ

दसैं

समयका धर्साहरूबीच
सुचैनका थोरै फूलहरू
सन्नाटाभित्र
कोलाहलको भुमरीभित्र
इतिहासका अधिकारी भएर उभिने गर्छन्

तिनै फूलका बोटमुनि
मान्छेका आँखामा उज्यालो ओढाउन नसकेर
पशुका मृत्युहरू उन्मादका दागबत्ती हुने गर्छन्

सोमरसमा भिज्नेहरूको घुइँचोले
परिवारका बुट्टाहरू
खण्डहरका निशान हुने गर्छन्

अभिमन्युहरूको चक्रव्यूहमा फसेपछि
ऋणका टोकाइबाट
मान्छेहरू शिथिल हुने गर्छन्

द्युतक्रिडाका खालहरूमा
पाण्डवहरू नैतिकता अर्पण गर्ने गर्छन्

तैपनि,
औँठा गुमाएको एकलव्यझैं
यसको महिमा अर्थपूर्ण छ
अर्चनीय छ

मानवताका थोप्लाहरू जोड्ने चेष्टा यो
साह्रै नै आमन्त्रण योग्य छ
अलमल्ल होइन यो अलमस्त छ
अलमस्त छ।

खेर गएका बलिदान

शब्दमा अड्केर आफै
स्वतन्त्र हुन खोजिरहेछन्
प्रजातन्त्र र जनमुक्ति

अतृप्त आशाहरू
अझैपनि,
नमेटिएका तिर्खा भएका छन्

आश्वासनका पुलिन्दाहरू
प्रजातन्त्र र जनमुक्तिलाई भारी भएको छ
व्यवहारशून्य नेता र राजनीतिदेखि
वाक्क अनि खिन्न

शहीदहरूको बलिदानका बावजूद
हन्तकालीहरू रित्तै महशुस गर्छन्

इतिहास गफ हो भने त ठिकै छ
नत्र
प्रमाणका परमाणुहरू सडकमा आलै छन्
सडक साक्षी छ

जन्मकुण्डली धेरैपटक बने
बनाउन खोजिए
तर जननीको कायापलट भएन

प्रजातन्त्र, जनमुक्ति, स्वतन्त्रता
आत्मनिर्णय, अधिकार, समानता, सर्वोचता
यी त सब भर्याङ रहेछन्

कठै ती खेर गएका बलिदान

पैसा

धन हो यो
जीवन चलाउने माध्यम

सन्तोषको विरुद्ध फायरिङ नै हो

मनको लङ्का हो
संसार काउकुती बनाइदिन्छ

शताब्दीकै बलियो हतियार पनि हो

गास, बास, कपास
यसका सामु घुँडा टेक्छन्

इतिहास रचेर कुवेर जन्माउँछ

तर विडम्बना !
मोतियाबिन्दु भएर धेरैलाई अन्धो पनि
गराउँछ यो

आस्थाको विष भएर विश्वासलाई भुतुक्कै पार्छ

थैला जति भरिए पनि
रिक्तताको खेती गर्न माहिर छ यो

मैमत्ताको पराकाष्ठामा
नैतिकता बन्धकी राख्न तयार छ यो

होशियार !
यो धेरैथोक हो
तर,
यो सबैथोक होइन

शिष्टाचार अँगाल्छौ भने यो मुद्रा मात्र हो

बर्बरता अँगाल्छौ भने यो
बमफस्योलको बीउ हो

थाहा पाईराख
यो सबथोक पक्कै होइन

फूलहरू

हरेक फूल
आफ्नै तरिकाले फक्रिन खोज्छन्
तिनको के भूल छ ?

भूलनै भएपनि
प्रकृतिको खेलसँगै
भूल सप्रने छन्

फूलहरूलाई
आफ्नै तरिकाले फुल्न नदिने
प्रकृतिमा कहाँ तेस्तो
निर्दयी उसूल छ ?

हरेक फूलको
आफ्नै मूल हुन्छ
फूलहरूलाई एकैनास बनाउन खोजे त
विविधता आफैमा घुल्छ
सौन्दर्य लुथ्रुक्क झुल्छ
अनि माहुरी कहाँ डुल्छ ?

फूलहरूको आफ्नै डि.एन.ए हुन्छ
एकै तरिकाले मात्र फुल्न बाध्य पार्ने व्यहोराले त
ह्वाङ्ङ खुल्ला ढोकाबाट
पापी पक्षपात हुल्छ

Flowers

Is it their fault
flowers want to bloom
their own way?

Even if they err,
they will reform
with nature's play.

Not letting flowers
bloom their own way,
where in nature
is such a display?

Flowers grow
from their own fountain.
If forced to be uniform,
variation will dissolve in unison;
beauty will see its ruin.
Where will bees then roam?

Flowers have their own DNA,
compelling flowers to bloom
a certain way
is letting in vile passion
through a gaping doorway.

भत्केका पुलहरू

विचारका बाफहरूको सङ्गमले
पुलहरू बन्ने गर्छन्
अनि
तापक्रमहरू घट्दै गएपछि
पुलहरू गर्ल्यामगुर्लुम
भत्कदै जान्छन्

पुलका भग्नावशेषमुनि
संवेदनाहरू थिचिन्छन्
च्यापिन्छन्
उत्साहहरू निचोरिन्छन्

चिसिँदै जाँदा
वरफका टुक्राहरूको गाईजात्रामा
युगहरू चाउरिइँदै जान्छन्

तैपनि
विचारका बाफहरू
निरन्तर पुलहरू बाँध्दै जान्छन्

समय फगत हेरिरहन्छ
उत्सुकहरू अनुसन्धान गरिरहन्छन्

तर तिनले पनि त
विचारकै बाफका थुप्राहरू थप्ने न हुन्
आखिर तापक्रमको घटाइमा
सब चकनाचुर भैहाल्छन्

समय डाकिरहेछ
तापक्रम घट्न नदिने चेतनालाई

भत्केका पुलहरू ब्यग्र भई कुरिरहेछन्
भत्केका पुलहरू ब्यग्र भई कुरिरहेछन्

नववर्ष

फेरि क्यालेन्डर बदलिँदै छ
नयाँवर्षको आगमनले

फेरि पनि इतिहास
एउटा पानो पल्टिएर
अर्को पानोमा पुगेको छ

एउटा पाँचतारे होटलमा
स्याम्पियन प्वाट्ट खुल्छ

बाहिर
गरिब दुःखीहरू
भोका नाङ्गाहरू
सुकुम्वासीहरू
एक आना खुसीको पर्खाइमा
अर्को नववर्ष कुर्न बाध्य हुन्छन्

गाँस वास र कपासको खोजीमा
गोरे दाइ
आज अरबतिर लाग्यो रे
पुतली ठूलीआमाका लुगा झन् बढी
टालियो रे

ऋणले किचेर
ठूलेदाइ बौलाए रे

हो नववर्ष त आयो
तैपनि विखण्डन, हिंसा, अराजकता,
गरिबी लिएरै आयो
शान्ति र स्थायित्व नलिई आयो
विश्वासको भावनालाई कुल्चेर
आस्थालाई छोडेरै आयो

आशा गरौं ! अब आउने नववर्ष
समस्याहरू सुल्झाएर आउने छ
घाउहरू नबल्झाई आउने छ

म त्यो नववर्षको प्रतीक्षामा छु
म त्यो नववर्षको प्रतीक्षामा छु ।

सिद्धान्त

मेरो मनभित्र पटक पटक
आणविक परीक्षण हुने गर्छ
तिनै परीक्षणहरूबाट
सिद्धान्त जन्मने गर्छ

शब्दका गोटीहरू दिमागमा खेल खेल्ने गर्छन्
तिनै खेलका उतार चढावबाट
सिद्धान्त उजागर हुने गर्छ

सिद्धान्तका दृष्टान्त
म देशप्रेम दर्शाउँछु
कार्लमार्क्स रुचाउँछु
हिटलर सिर्जाउँछु
गान्धी मौलाउँछु
समाजवाद पूँजीवाद सबै कल्पाउँछु
हिरोसिमा नागासाकी पड्काउँछु
तमिल टाइगर
गोर्खाल्याण्ड
माओवाद सल्काउँछु

लचिलो हुन म सक्तिन
प्राण दिमागले चल्छ, म त्यसो भन्ठान्छु
मुटुलाई अवज्ञा, भावनालाई उपेक्षा गर्छु

सिद्धान्त लिएर बाँच्ने मान्छे म
मलाई कठोर भन, हठी भन, जिद्दी भन
यान्त्रिक र अमानवीय भन
मलाई त हरचिज श्याम श्वेत
मलाई यही सही लाग्छ
यही सही लाग्छ ।

एक्लो पथिक

त्यो आज हिँडिरहेछ
सहिनसक्नु भीडबीच

मान्छे भएर बाँचिरहेछ
घनघोर बस्तीमा

त्यो हराइरहेछ
पानीको थोपाझैँ
अथाह समुद्रमा

मेलामा गुम भइ
मनका चुट्किला आफैँलाई सुनाउँदै
चापाचाप भेलाहरूमा समेत
त्यो एक्लै सहभागी भइरहेछ
माहुरीको घारझैँ घुइँचोमा पनि
त्यो एकान्त मै तल्लीन छ

वैभवका गाँठा कसेर
सरलताको धज्जी उडाउँदै
परिष्कृत अनि अवच्छिन्न विकासको ध्वाँस देखाउँदै
त्यो एक्लो पथिक भएको छ

सभ्यताले संस्कार पुछेर
चरम अवसरवादको भुमरीमा
त्यो एक्लै घुमिरहेछ

शिक्षाको गद्दामा उफ्रेपनि
ज्ञानको हाहाकारमा
त्यो आज एक्लै थचारिइरहेछ
एक्लै थचारिइरहेछ ।

चाहना

होश हराउँछ
मान्छे त्यसै कराउँछ
मन उडाउँछ
मुटुका नसा चुँडाउँछ
त्यो रोग हो
मायाको, प्यारको

बाटो भुलाउँछ
त्यसै झुलाउँछ
सपना फुलाउँछ
त्यो मात पनि हो
मायको मात

त्यसले,
यात्रा पनि विथोल्छ
कहिलेकाहीँ
आत्मै चिथोर्छ

मनको बाँध नफुटे
तनमा चैन दिँदैन
प्राप्ति होस् वा नहोस्
आँखा रसाइदिने गर्छ
अतृप्त अनि असन्तुष्ट बनाइराख्ने
जीवनलाई निरन्तरता दिन
मनले मस्तिष्कलाई पस्कने बाहाना हो त्यो
हामीबीच हुने
अभीष्ट चाहना हो यो ।
अभीष्ट चाहना हो यो ।।

मेरो माया

तिमीले मलाई कहिल्यै सोधिनौ
म तिमीलाई कति माया गर्छु भनेर
अफसोस,
मैले पनि कहिल्यै भन्न सकिँन
मैले तिमीलाई कति माया दिएँ भनेर
अनि मैले तिम्रो लागि
मेरो मायाको कुरा गर्नै सकिन

तिमीलाई सम्झना हुनुपर्ने हो
तिमी रुँदा सधैँ मेरै काँध भिज्ने गर्थ्यो
तिमी हाँस्दा
म पनि मुस्कुराउने गर्थें
दिनको अन्त्यमा
तिम्रा सबै कुरा सुन्थे

तिम्रो सुन्दरताको बयानमा
कैयौँ कविता लेखेँ
आफ्ना जिम्मेदारी छाडेर
तिमीसँग एकपल बिताउन
हस्याङफस्याङ गर्दै आइपुग्थें

हरेक पल्ट मन्दिर जाँदा
तिम्रै खुसीको प्रार्थना गर्थें
सैयौँ कोस टाढा हुँदा पनि
तिम्रो हाल बुझ्न फोन अनि इमेल गर्थें

तिमीलाई भोक लाग्दा बनाउछु भनेर
तिमीलाई मनपर्ने परिकार बनाउँन सिक्थें
अनि तिमीलाई भोक लाग्दा
साँच्चै नै बनाएर ख्वाउथें

फिटिक्कै केही नगरी तिमीसँग मात्रै
घण्टौं बिताउँथे
घाम पानीमा तिमीसँग हिँड्दै
तिम्रो घरसम्म पुर्याइदिन्थे
तिमीलाई मन पर्ने कुरा
मलाई कण्ठै हुने गर्थ्यो

तर अफसोच
मैले तिमीलाई कहिल्यै भन्न सकिन
म तिमीलाई कति माया गर्छु भनेर !
म तिमीलाई कति माया गर्छु भनेर !!

नियति

मुस्कानका फूल नफ्याँक प्रिय
किनकि,
मेरो मुटुको घाउको मलम फूल होइन

घृणा नगर प्रिय
किनकि,
मेरो अमिट माया मेरो भूल होइन

तिमी त मलाई
बाटोमा एक नजर दिएर अघि बढ्नेछयौ
तर तिमीलाई के थाहा
त्यही एक नजरले मेरो मुटुमा माया गाडिन्छ
अनि,
झुटा साहनुभूतिहरू निरर्थक हुनेछन्

एक क्षणको साथ
जीवनभर साथ निभाउने आश्वासन हुन सक्दैन

हो तिमीले चाहेर पनि
जीवनभर साथ दिन सक्तिनौ
यही त हो जीवनको नियति
तैपनि,
हामी दिन्छौँ यही जीवनलाई गति

म घायल हुन्छु, कायल हुन्छु
तिमी अनायास छौ

यस्तै छ जीवनको रीति
यस्तै छ पिरतीको नीति
जिन्दगीको नियति ।

उपहासको हाँसो

जब म बोल्छु
ऊ हाँस्छे
जब म चुपचाप रहन्छु
तब पनि ऊ हाँस्छे
मेरा प्रत्येक कुरामा
मैले गर्ने प्रत्येक क्रियाकलापमा
म उसलाई हसाउँछु
ऊ हाँस्छे

संवेदनाहरूमा पनि म व्यङ्ग्यको चुस्की पस्कन्छु
अनि ऊ हाँसो बर्साउँछे
लाग्छ,
जीवन सधैँयस्तै होस्
म हसाउँन सकूँ
ऊ हाँसिरहोस्

म चाहन्न ऊ नहाँसोस्
तैपनि फगत् एकपल्ट
किन किन कता कता
भित्र भित्र मुटुमा
कहीँ न कहीँ दुख्छ

विस्तारै विस्तारै
च्वास्स च्वास्स बिझेझैँ गरी
भावना उर्लिएर दुख्छ

जब ऊ मेरो प्रेमपत्र पढेर
खित्का छोडेर हाँस्छे
खित्का छोडेर हाँस्छे ।

पिटाई

उसले त्यसलाई
मुड्की कसेर ब्वाङ्की ब्वाङ् हिर्कायो
नाक फुटाइदियो
टाउको फुटाइदियो
लातका लात हानेर
उसले त्यसलाई पछारी पछारी चुट्यो

त्यो भने
उसको क्रोधका सामु लाचार भएर
कुटाइ सहिरह्यो
उसको बलका सामु
निर्बल त्यो
पिटाइ खाइरह्यो

उसले त्यसलाई ओल्टाई पल्टाई
सबतिर बेस्करी हिर्कायो
हात भाँचिदियो
खुट्टा मर्काइदियो
मरणासन्न हुने गरी पिट्यो

पिट्दा पिट्दा ऊ थाक्यो
तैपनि उसको धीत मरेन
असन्तुष्ट अनि अपूर्ण मन लिएर
ऊ छट्पटिइरह्यो

तर त्यो भने दुखाइमा पनि शान्त, सौम्य र परिपूर्ण देखिन्थ्यो
पिटाइका बावजूद
त्यो अन्तर्मनमा सुखी र खुशी देखिन्थ्यो
अन्तर्मनमा सुखी र खुशी देखिन्थ्यो ।

कैदी

ऊ कैदी हो
आफूलाई मुक्त सम्झेर
भ्रमपूर्ण अँध्यारोमा
निकासको बाटो खोज्दै हिँड्ने
जन्जिरहरूको जालोभित्र जकडिएको
एक पक्का कैदी !

उसले सोच्छ
ऊ मुक्त छ
ऊ दौडन्छ, पौडन्छ
उठ्छ, हिँड्छ
तर सधैँ पर्खालहरूसँग ठोक्किएको चालनै पाउँदैन
सोच्दैन कि ऊ कैदी हो
ऊ सोच्छ कि उसमाथि कुनै बन्धन नै छैन

उसलाई के थाहा
उसका कोष कोष
जन्जिरका पुर्जा हुन्

ऊ हरेक दिन
जेल लिएरै हिँड्छ
तर चिच्याउँदै भन्ने गर्छ
म कैदी होइन

ऊ पक्का पनि कैदी हो
ऊ कैदी मात्र होइन
ऊ एक हास्यास्पद कैदी हो
ऊ एक हास्यास्पद कैदी हो ।

तारा

मध्यरातमा टलक्क टल्किएका
आकाशको मझेरीमा धप्धप् बलेका
अनगिन्ती ताराहरू गन्ने लक्ष्य लिएर
अँध्यारो रातमा ऊ अदम्य साहस लिएर
यता उता जतातै
डुल्दै उफ्रँदै
सानातिना अप्ठ्यारोमा हतास नभई
रातको बताससँग पैँठेजोरी खेल्दै
सुन्दर अन्धकारको शान्त परिवेशमा
जोश र जाँगरको ब्ल्याङ्केट ओढेर
समुद्र सल्काउने आँट लिएर
पाइला बढाइरहेछ

ताराहरू आँखा झिम्क्याइरहेछन्
कुकुरहरू खैलाबैला गरिरहेछन्
जवान रात बूढो हुँदै जाँदैछ
उसको यात्रा सार्थक हुँदै छ

गन्ती नबिर्सी
ऊ तारा गन्दै जान्छ
ताराहरू विस्तारै घट्दै जान्छन्
रात विस्तारै ढल्दै जान्छ

अहो ! कस्तो दृढ उद्देश्य
कति मीठो विश्वास
अन्धकारमा उज्यालो मात्रै हेर्न खोज्ने
अहो ऊ कति सकारात्मक
ऊ तारा गन्दै जान्छ
ताराहरू उज्यालो फाल्दै जान्छन्,
ताराहरू उज्यालो छर्कदै जान्छन् ।

माटोको संसार

डाँडा काँडा अनि पाखा पखेरुमा
मेरो धर्ती
मलाई मेरो माटोसँग परिचय गराउँछ

माटोको सुवासले
मेरो मस्तिष्कमा
शल्यक्रिया गर्ने गर्छ
अनि मेरा पाखुरामा
स्वाभिमानको रक्तदान
मेरै माटोले गर्ने गर्छ

वैरीहरू,
मेरो माटोको धर्मसँग नखेलुन्
किनकि,
मेरो डटाइको बेगले
म पहाडहरू हटाउने साहस राख्छु
बुझिराख हे जीवजगत्
म मेरै माटोमा बिलाउन चाहन्छु
त्यसैले मेरो अग्निपरीक्षा लिने चेष्टै नगर

इतिहास साक्षी छ
आफ्नो माटोले भिजेको नेपालीको मुटु
कृत्रिम सभ्यताको वाढीले पनि
पखाल्न सक्दैन

माटोको सन्तान म
माटोकै दहहरूमा रम्नेछु

महासागरका बिजुलीबत्ती
मलाई चाहिँदैन
मेरै माटोमा घरगृहस्थी
यहीँका कन्दमुल अनि अन्न मेरा खुराक
यहीँका उकाली ओराली मेरो गन्तव्य
यही मेरो संसार

तिमी जान्दछौ भने देखाइदेऊ मलाई
आफ्नो माटोबिनाको संसार
जहाँ बिना आफ्नो माटो पनि
आनन्द आत्माको डिलमा बस्ने गर्छ

भानुभक्त र पारिजातहरू

साहित्यको आकाशमा
घाँसीका साथी
निराशाकी रानी
भानुभक्त अनि पारिजात
तिमीहरू मोतीरामहरूका मात्रै होइन
धेरै नेपालीको मुटुमा छौ

जबसम्म निस्तब्ध रात्री रहन्छ
तबसम्म भानुको आवश्यकता रहिरहनेछ
जबसम्म रातको अँध्यारो रहनेछ
तबसम्म पारिजातका शिरीषका फूलहरू फुल्नेछन्

भानु अनि पारिजात
तिमीहरूको सम्झनामा
मैले मात्र होइन्
तिम्रा कृतिका हरेक पारखीहरूले
तिमीहरूलाई मुटुभरि सँगालेर राखेका छन्
तिमीहरूले राखेका एक एक इँटाहरूबाट
आज घर बन्दै गइरहेका छन्

हे आदिकवि !
हे पहाडकी छेकुडोल्मा !!
बुझिराख तिमीहरूको सुरुवातले
धेरैमा उत्साह र प्रेरणाको सुई लगाइएको छ
तिमीहरूले रोपेको वृक्ष
आज धेरैबाट जल पाएर
साहित्य संसारमा अक्सिजन फ्याँकिरहेछ

भानुभक्त र पारिजातहरू
तिमीहरूप्रति हामीहरू
कृतज्ञ छौं ।
तिमीहरूप्रति हामीहरू
कृतज्ञ छौं ।।

बिचरी चरी

आहा कति राम्री स्यानी चरी
हाँस्छे खेल्छे सधैँभरि
चारा ख्वाउँछे बचेरालाई
बरु आफूनखाई नखाई

न छ कोही उसँग विरह साट्ने
एक्लैले हो उसले दुःख सुख काट्ने
भुर्र उड्छे यता उति
चिँ ! चिँ ! स्वर मीठो कति

चरी एकदिन उड्दै जाँदा
एक सिकारीले गोली हान्छ
लागेर उनी रुँदै खस्छिन्
रक्ताम्य हुँदै पुक्लुक्कै मर्छिन्

विचरा बचेराहरू, विचरी चरी
कस्तो निष्ठुरी निर्मम सिकारी
कति राम्री थिइन स्यानी चरी
च्वँ – च्वँ – च्वँकठैबरी !

Poor Little Bird

Wow, such a nice little bird.
Plays and laughs all the time.
Feeds her little baby birds,
without saying it's all mine.

She has none to share her grief.
Be it pain or delightful relief.
There she goes, here and around.
Spreads around melodious
sound.

One day when she was flying.
A killer shoots her down.
Full of blood she lays crying.
Sadly, she dies instantly.

Pity to her babies, pity to the
poor bird.
What a ruthless heartless killer!
So wonderful was the little bird,
I feel terrible for the little bird.

वसन्त

आउँदैछ ऋतुहरूको राजा वसन्त
दिनेछ सम्पूर्ण प्राणीहरूलाई आनन्द
कोइलीको छ मीठो स्वर को हो ! – को हो !
हुनेछ सबको मनमा माया र मोह

काफल पाक्नेछ वनभरि
नवीन पालुवाले हरियाली वनैभरि
न त बर्षा न त शीत
न जाडो न गर्मी

सौन्दर्यको अनुपम त्यो दृष्टान्त
सम्पूर्ण चराचर जीवन्त
नववर्षलाई पोल्टामा बोक्दै
परिवर्तनको ढोलक ठोक्दै

आउँदै छ ऋतुहरूको राजा वसन्त
आउँदै छ ऋतुहरूको राजा वसन्त ।

भागिरहेछ वातावरण

मेरो वरिपरि
घनघोर जङ्गलबाट आउँने
शीतल हावा
गर्मीका पङ्खा हुने गर्थे

चराको चिर्चिरसँगै
धर्ती अनि आकाश
खोलाको सुसाइमा
सङ्गीत सिर्जना गर्थे

गेहेन्द्रशमशेरका बन्दुक बोकेका
जङ्गबहादुरहरू
मेरै चारकोसे झाडीहरू र
बाँसका झाङहरूमा
वनक्रिडा गर्थे

शान्तिको साधना गर्ने बुद्धहरू
'ॐ शान्ति शान्ति' भन्दै
मेरै छहरा र पहरा गुञ्जाउँथे
वेदध्वनिहरू
शङ्खका मधुर धुनमा समाहित भएर
गीता र त्रिपिटक उराल्थे

तर आज
मेरा वाग्मती विष्णुमतीहरू
नालीको गन्धले टाइफाइड र
जण्डिसका रोगी भएका छन्

मेरा आफन्तहरू
अनेकौँरोगले च्यापेर
मृत्युशैयामा सिकिस्त छन्

वातावरणको विनाशले
मेरा डाँफे नाच्ने सिमल फुल्ने
पाखाहरू नाङ्गिएका छन्

हरिया वन, केराका घारीहरू
ऐँसेलुका झ्याङ्ग, बयरका बुट्यानहरू
फाँडिएर उजाड मरुभूमिझैं भएका छन्

अनि कतै मेरो माटो
बाढी पीडित भएर
तप्प तप्प आँसु चुहाइरहेछ
कतै मेरा खोलाहरू स्याप स्याप सुकेर
सन्तापमा सुस्ताईरहेछन्
अनि कतै मेरा हिमालहरू
हिउँ पग्लेर हिलोमा हराईरहेछन्

यसरी वातावरण मबाट भाग्न खोजेको छ
मबाट भाग्न खोजेको छ ।

सुन्दर बिहानीको प्रतीक्षा

साँझ पर्नै लाग्दा
चराहरूको बथान
कुरिरहेका बचेरा सम्झदैं
आफ्नो वासस्थान फर्किरहेछ

मानिसहरू यत्रतत्र
कतै ट्राफिक जाम पार गर्दै
कतै डुँगा खियाउँदै त कतै पैदल
आफ्नो वासस्थानतिर
व्यग्र भएर फर्किरहेछन्

अँध्यारो हुनै लाग्दा
घाम डुब्नै लाग्दा
एउटा मीठो आफ्नोपन
चराचरमा व्याप्त छ
कतै कतै मान्छेहरू
गुच्छा गुच्छा भई
दिनभरिको थकाइ मार्न
सँगसँगै रमाइरहेछन्

रात गाढा हुनुअघि
सृष्टिका प्राणीहरू
एउटा सिङ्गो दिनलाई
अन्तिम बिदाइ गरिरहेछन्

जून आउनुअघि
ताराहरू चम्कनुअघि
अँध्यारो टल्कनुअघि
साँझको आगमनसँगै
प्राणीहरू आफ्नोपनको मीठो मातसँग
बितेर गएको दिनलाई
सहर्ष स्विकार गर्दै
अर्को एउटा सुन्दर विहानीको प्रतीक्षामा
ढलेको साँझसँगै
आ-आफ्ना वासस्थानमा
सुस्केरा हाल्दै आराम गरिरहेछन्
सुस्केरा हाल्दै आराम गरिरहेछन् ।

भित्री आँखा खोल्ने चेष्टा

बाहिरी आँखाहरूले
पारदर्शी सिसाबाट
प्रकृतिको अवलोकन गर्दा
दागका धर्कामा अड्केर
धमिला दृष्यहरू
मनका मझेरीका ओछ्याउने गर्छन्

प्रकृति निस्फिक्री
पलहरू गुजार्दै जान्छिन्
अथाह गहिराइबाट
प्रकृतिका पाइला उठेका
अनि किन
यथार्थका रक्षानहरू
प्रकृतिका सतहमै विलीन नहुनु ।
अनि किन प्रकृतिका रचना अगाडि
दोषयुक्त घोषणाहरू
प्रकृतिकै चञ्चल नाँच अगाडि
पट्यार लाग्दा
अनि निरस युक्ति नहुनु ?

कोलम्बसहरू !
त्यसैले होला
प्रकृतिको चौडाइ खोज्न
उत्साहको फिलिङ्गो लिएर निस्कने गर्छन्
तेन्जिङ नोर्गेहरू
प्रकृतिको उचाइ छुन
सगरमाथाको आरोहणमा निस्कने गर्छन्

प्राणीहरू
प्रकृतिका प्याला भएर
प्रकृतिको प्रस्तुतिमा
पाइला पाइला साथ दिने गर्छन्

बाहिरी आँखाहरू
भित्री आँखा खोल्ने चेष्टामा
दागहरूको दागबत्ती दिँदै
प्रकृतिको आँचलमा
दुधे बालकझैं सयर गर्ने गर्छन्
दुधे बालकझैं सयर गर्ने गर्छन्

बाँच्न बाँकी जिन्दगीहरू

समयको वेगवान गतिले
जिन्दगीका कुर्कुच्च्याहरू पनि
चर्केर फुट्दै जान्छन्
यात्रामा आकलझुकल
समयसँग चेतनाको साक्षात्कार हुने गर्छ

त्यस भेटमा मानिस
बाँच्न बाँकी जिन्दगी
अनि अधुरा सपनाका टुक्राहरू
समयको प्रवाहमा पुनः समाहित गर्छ

डुब्नै आँटेकोको घाममा
कल्पनाको मनोरम पल
मस्तिष्कको एउटै थैलोमा राखेर
समयका थोप्ला थोप्ला जोडेर
मानिस
बाँच्नबाँकी जिन्दगीका योजनामा मिसाउने गर्छ

आकलझुकल हुने
समय अनि चेतनाको साक्षात्कारमा
मानिस
बाँच्नबाँकी जिन्दगीलाई
हरेक पटक
मृत्युको नजिक नजिक पुर्याउँदै जान्छ

तर बाँच्न बाँकी जिन्दगीहरू
हरेक साक्षात्कारमा
झन् झन् जीवन्त हुँदै जान्छन्
मृत्यु नजिकै पुग्दासम्म
चेतनाका छालहरूले गर्दा
बाँच्नबाँकी जिन्दगीहरू
समयलाई नै सक्काएर
पुनर्जन्म लिई
निरन्तरता पाइरहन्छन्
निरन्तरता पाइरहन्छन्

Lives That Remain to be Lived

As time ticks,
heels of life click, click, and crack.
Nevertheless, the distance to destination shortens.
In the journey,
occasionally,
there is rendezvous of consciousness and time.

On that tryst,
one offers to the interminate flow of time,
fragments of
unfulfilled dreams, desires, and lives that remain to be lived.

At dusk,
one assembles a bag full of delightful imagery,
connecting every dot of time,
and drawing it on the master plan of the life that remains to be
lived.

On these rare occasions,
when time affronts the consciousness,
one takes life remaining to be lived
closer to the end.

However, at each of these assignations,
life becomes even livelier.
As the end approaches,
the waves of consciousness
overcome the end,
annihilate the time,
and life re-starts anew.
The lives that remain to be lived continue.
The lives that remain to be lived continue.

पिँजडामा झिलिमिली छ

पिँजडाभित्र
कैदीहरूको अटसपटस पेट छ

पिँजडाभित्रै विलाशको ताजमहल वरिपरि
फूलबारी अनि माहुरीको घार छ

वारपार गर्न
गाडीहरूकोमात्र होइन,
पुष्पक विमानको सङ्कलन छ
कैदीहरू पीठ्यूँमा लिस्नो लिएर
झिलिमिलीमा
लालटिन सल्काउँन खोजिरहेछन्

पागलहरू त झन्
प्रकाशगृह नै बनाउन खोजिरहेछन्

त्यही पिँजडामा
लुटेराहरू लुछाचुँडी गरिरहेछन्

लुटपाट हुँदा
उतार चढावको लुकामारी भइरहेछ

पिँजडाका लिखाहरू
लाठेहरूलाई लिखुरे बनाइरहेछन्

कैदीहरू लालटिन सल्काउन
लाइटर खोज्दै भौतारिरहेछन्

हार खानेहरू लाखा पाखा लागिरहेछन्

लाखौँ कैदीहरू
लागूपदार्थ सेवन गरेर
लमतन्न लठ्ठिइरहेछन्

पिँजडाबाट फुत्कन खोज्नेहरूभने
आत्मालाई सत्कर्मले लोटाइरहेछन्

तर जे सुकै होस्
पिँजडामा झिलिमिली छ
तर जे सुकै होस्
पिँजडामा झिलिमिली छ

The Cage is Full of Light

In the cage,
there are bloated prisoners.

In the cage, around extravagant abodes,
there are gardens and beehives.

For movement,
there are collection of not just vehicles but also aircrafts.

Prisoners in the cage,
with a ladder on their back,
try to light a lantern in the already luminous cage.

While lunatics try to build a lighthouse.

In the cage, looters are quarrelling.
Amidst the brawl, ebbs and flows hide and seek.

Lice in the cage are slowly enervating the stronger prisoners.

Prisoners unable to light the lantern are desperately seeking lighters.

Those who gave up are slowly dissipating;
while many are tipsy from drugs.

Those aspiring to free themselves from the cage
are cleansing their souls with dabs of good deeds.

Nevertheless,
the cage is full of light.
the cage is full of light.

स्वार्थ

मृत्युको जीवनसँग के मोह ?
रातको दिनसँग के मोह ?

सभ्यताभित्र
स्वार्थको आदर्शसँग कुनै साइनो छैन
निर्मम कुल्चिइने गर्छन्
मानवीय संवेदनाहरू
स्वार्थको तराजुमा जोखिएपछि
फगत सकाइसकेको चुरोटका ठुटा कुल्चिइएझैं

स्वार्थहरू मनमा ग्रेटवाल बनाउने गर्छन्
सद्भावका प्रवेशलाई रोक्न

म हामी अनि समाज मात्र होइन
जगत र सृष्टिकै
हर कणमा व्याप्त छ स्वार्थ
टुटाउने फुटाउने जोड्ने
ब्यापक क्रियामा स्वार्थको भूमिका छ

चराचर चलेकै स्वार्थको
अद्भूत नाँचले गर्दा
निस्वार्थ को छ ?
कोही निस्वार्थी हुनुमा पनि स्वार्थ छ
किनकि निस्वार्थी हुनुमा ऊ सहज महशुस गर्छ

आखिर किन नराख्ने त स्वार्थ ?
उत्तर त कसलाई थाहा
तर आफ्नो स्वार्थको अगाडि
समाज, संसार अनि जगतको स्वार्थले
समाजमा सद्भाव र माया बढाएको मैले देखेको छु
आदर्श आखिर स्वार्थकै परिष्कृत रुप होइन र ?
कस्तो स्वार्थ ? प्रश्न त्यो हुनु पर्ने होइन र ?

कल्पनाको कुहिरोभित्र

कल्पनाको कुहिरोभित्र
कैयौँ सोचहरू तँछाड मछाड गर्छन्
कति सोचहरू कुलेलम ठोक्दै बाहिरिन्छन्
कति गहन सोचहरू
विचारसँग गोष्ठी गर्दै गाढा हुँदै जान्छन्
तिनै परामर्शहरूबाट
परिष्कृत हुँदै
अनेक सोच अनि विचारसँग चिनापर्ची गर्दै
छिटपुट छिटपुट
दर्शनहरू उछिट्टिने गर्छन्

कल्पनाको कुहिरोभित्रका
यिनै जुवारी
ठेलमेल अनि पेलपालबाट
विपनाका कुहिरोहरू हट्छन्

कल्पनाका धमिला दहबाट
विपनाका सङ्ला ताल सृष्टि हुन्छन्

कल्पनामा निथ्रुक्क भिजेर
मस्तिष्कले विचार प्रशोधन गर्छ

कल्पनाको कुहिरोभित्र
असम्भवहरू सम्भव हुन्छन्
कल्पनाको कुहिरोभित्र
प्रकृति पूरै अटाउँछिन्
कल्पनाको कुहिरोभित्र
असीमित अवसरहरू छन्
कल्पनाको कुहिरोभित्र
अतुलनीय अनि अकल्पनीय सामर्थ्य छ

भोका र मदिरा

भोक लाग्दा
कङ्गालहरू
भुजा ज्युनारभन्दा
मदिराको मात रुचाउँछन्

चाहे कलेजो छिया–छिया भएर
छताछुल्ल किन नहोस्
एकपल्ट विरह बिर्सन
आत्मालाई ब्ल्याकमेल गर्दै
भातको सट्टा
भोकाहरू भकभक मदिरा पिउने गर्छन्

मदिराले क्षणिकै भएपनि
भातको तृष्णा बिर्स्याउने मात्र होइन
मुटुका गाँठाहरू पनि फुकाइदिन्छ
मस्तिष्कमा कृत्रिम स्वर्ग बसाई
पीडा लुकाइदिने गर्छ
चहर्याइरहने घाउहरूलाई
तुरुन्त खाटा बसाइ सुकाइदिने गर्छ

भोकाहरूका लागि
मदिरा सञ्जीवनी बुटी त पक्कै होइन
तर हे साधु सन्तहरू ! तिमीहरूले बुझिराख
हे आदर्शमा डुबेका अचेत भिखारीहरू ! तिमीहरूले बुझिराख
अनि हे नैतिकतामा अन्धा ढोंगीहरू ! तिमीहरू पनि बुझिराख

देवता भनाउँदाहरूले समेत अप्सरा नचाउँदै
सेवन गरेका सोमरस
हाम्रै कल्पना र सिर्जनाका
ती मदिरा
मरिसकेपछिका औषधी पनि पक्कै होइनन्
मरिसकेपछिका औषधी पनि पक्कै होइनन् ।

Famished Ones and the Booze

When famished,
poverty-stricken ones,
prefer the drunken stupor,
rather than a bite of rice.

So what if the liver bursts?
Albeit for a moment,
to forget the grief,
blackmailing the soul,
famished ones guzzle down the booze.

Although only temporarily,
booze
knocks off the cravings of rice,
unwinds the heart out of knotted dejections,
conjures a heaven in mind to hide misery and depressions,
and patches the angry wounds rapidly.

For the famished ones,
booze is not the panacea.
But the saints of the world please understand!
Ones brimming with idealism please understand!
And the ones blind in morality and double standards also
please understand!

Booze was even Gods' ambrosia in their carousal.
Booze is a creation out of our own imagination and creativity.
Although not the panacea for the famished,
it is not a treatment after death either.
Booze is not a treatment after death either.

भावना पोख्न नसक्दा

आङ जिरिङ्ग छ
भयानक बाढी आएको छ मनमा
मुटु जर्कट्टिएर
भावना पोख्नै नसक्ने भएको छ
कसैले जन्तर मन्तर गरेको पो हो कि भनेझैं
मस्तिष्क शून्यझैं भई
खङ्ग्रङ्ङ भएको छ

आँखाहरू रसाउन सकेका छैनन्
आत्माको अन्तरकुन्तरबाट
आशाका किरण देखेकै छैन
उदासीनता उदाहरणीय भएर
शरीरभरि उद्गारित भएको छ
उदेकका यही आँधीभित्र
भुमरीहरूबाट भावना उछिट्टिनै सकेका छैनन्

उकुसमुकुस गर्दै जीव
जीवनको जागृत् अनुहार सम्झन खोज्छ
तर जीवलाई के थाहा
जगतमा द्वेष र घृणाको
धरहराहरू बनाइसके
सम्बन्धहरूमा मन मुटाव
झुटा आश्वासनहरूले डेरा जमाइसके

जीवभित्र,
विकार धमिराले
भावनाका जग हल्लाइसके
मौनताका माकुराले जागृतिलाई जालमा पारिसके

तैपनि जीव मडारिँदै
भावनाहरू पोख्न खोजिरहेछ
भावनाहरू पोख्न खोजिरहेछ

अर्थ

सुनका कोपरा हुनेहरू !
भोक ओढेर
निराहार लमतन्न पल्टेका केटाकेटीका
आँखामा आँखा मिलाई
सम्पन्नताको अर्थ बुझाउन सक्छौ?

ईश्वरमा विश्वास गर्छु भन्नेहरू !
आँखाको बदला आँखा फुटाउँदा
गोलीको बदला बम पड्काउँदा
ज्यान गुमाएका निर्दोष निहत्थाको लासमाथि उभिएर
धर्मको अर्थ बुझाउन सक्छौ ?

भोगविलाशका लागि घम्साघम्सी गर्नेहरू !
एक्लोपनमा आत्मदाह गर्ने धनकुबेरहरूलाई
हस्याङफस्याङमा सधै बेचैन हुनेलाई
अनि
अरुको राम्रो देखेर डाह भई
लुटपाट हानमार गर्नेलाई
तिनका शैक्षिक प्रमाणपत्र तेर्स्याउँदै
सन्तुष्टिको अर्थ बुझाउन सक्छौ ?

अन्तरिक्षमा रकेट पठाउनेहरू !
मङ्गल यात्राको टिकट काट्नेहरू
यही धर्तीमा मामुली झाडा पखालाले
लाखौँमानिसको मृत्यु हुँदा
ती बीभत्स दृश्यको वरिपरि
बिकासको अर्थ बुझाउन सक्छौ ?

मुखमा राम राम
बगलीमा छुरा हुनेहरू !
व्यवहारमा बेकाम
ठूला ठूला कुरा फलाक्नेहरू
अन्तर्मनको ऐना हेरेर
सत्य अनि झुटको अर्थ बुझाउन सक्छौ ?

देवता र दानव

दिनदिनै
दिमागमा
देवता र दानव
दोहोरी खेल्ने गर्छन्

देवताहरू,
दुःख पखाल्न
दया, माया र करुणा बर्साउन खोज्छन्
दानवहरू,
भयावह मच्चाउँछन्
द्वेष, घृणा, अनि हिंसाका आगो सल्काउन खोज्छन्

देवताहरू,
दानवहरूले सल्काएको आगो निभाउन
दमकलहरू सिर्जना गर्छन्

दानवहरूभने तिनै दमकलाई दबाउन
दुश्मनीका दाउपेच रच्ने गर्छन्

देवता र दानवका यिनै बाघचाल
दिमागमा दिनानुदिन
निबन्ध लेख्दै जान्छन्

दिमागको सिंहदरबारमा
कहिले देवताको ढलीमली
कहिले दानवको दादागिरी

हे दर्शनका ज्ञाताहरू !
मलाई पनि थोरै ज्ञान दान गर
मानव शरीरमा कैद
एउटा निरीह आत्मा म
म जान्न चाहन्छु
सत्य देवता हो कि दानव ?
या द्वैतको सन्तुलन ?
के द्वैतता प्राकृतिक हो ?
के द्वैतता अनिवार्य छ ?

God and Devil

Every day,
the mind as playground,
the God and the Devil
take turns.

The God
attempts to shower love, pity and compassion,
to vanquish suffering.

The Devil
sets ablaze flames of hate, jealously, and violence,
to terrorize.

The God
fashions firefighters
to set off the fires kindled by the Devil.

The Devil strives to fight, trick, and dominate
the same firefighters.

Consequently,
the mind is ruled brutally,
sometimes by the God,
sometimes by the Devil.

Dear experts of wisdom,
please impart me a little insight.
I, a profoundly confused soul,
incarcerated in a human body,
want to know
whether truth is the God or the Devil.
Or is it the balance of the two?
Is the duality natural?
Is the duality indispensable?

चामल खानेहरू र चौलानी पिउनेहरू

तिनीहरू सम्पन्नताले नुहाएर
मञ्चमा उक्लन्छन्
अनि प्रवचन दिएर
भाषण भुकेर
सवारीमा सुइँकिन्छन्

त्यही चहल पहल र तमासामा भुल्नेहरू
विवशतामा
चौलानी पिएर बाँच्ने गर्छन्

प्रवचन दिनेहरू
भुजा ज्युनार गर्न
दरिद्रता ढाकेरै पनि
चौलानी पिउनेको चामल
चन्दा उठाउने गर्छन्

चौलानी पिएर बाँच्नेहरू भने
चामल फल्ने आशमा
सपनामै जीवन बिताउने गर्छन्
निद्राबाट ब्यूँझने बित्तिकै
चौलानी पिउनेहरू पनि
प्रवचन दिन थाल्छन्

तमासा हेर्नेहरू फेरिन्छन्
युग परिर्वतन भइरहन्छ

तैपनि प्रवचनहरू चलिराख्छन्
तमासा हेर्नेहरूको भीड पनि लागिराख्छ

ज्ञान, ज्ञानी अनि अज्ञानी
सबको परिभाषा बदलिन्छ
तैपनि प्रवचन अनि तमासा हेर्ने क्रम
चलिराख्छ

चामल चन्दा उठाइँदै गर्दा
चुपचाप चौलानी पिइँदै गर्छ
इतिहासका सिसाकलमहरू
घटनाहरू लेख्दै जान्छन्
समयका इरेजरहरू मेटाउदै जान्छन्

चामल खानेहरू अनि
चौलानीमा जीवन अडेकाहरू
जन्मिदै अनि फेरिदै जान्छन्
चामल खानेहरू र चौलानी पिउनेहरू
जन्मिदै अनि फेरिँदै जान्छन्

Porridge Eaters and Gruel Drinkers

Soaked in affluence,
they take the stage,
shout a sermon,
bark a speech
and flee.

The subjects of the discourse,
are compelled to live drinking lowly gruel.

Those delivering the sermons,
concealing the poverty of their hearts,
collect oats in donation for a royal porridge.

Those drinking gruel,
string together the hope of a day with enough oats for porridge.
Such are the dreams of their lives.
As soon as they come to their senses,
they too start delivering sermons.

Followers change. Ages transform.
Yet the sermons continue.
A confluence of followers continues.

Definitions of wisdom, wise, and ignorant all change.
Nevertheless, sermons and clique of followers continue.

While oats are being collected,
gruel is being drunk.
Pencils of history record the events.
Erasers of time wipe off the events.

Those who eat porridge and those who drink gruel
live and die.
Even though the faces change,
porridge eaters and gruel drinkers continue to manifest.

केटाकेटी र केक

पार्टीमा केक काट्नै लाग्दा
केटाकेटीहरू वरिपरि
कमिलाको ताँती जसरी
केकको टुक्रा ताक्दै
कौतुहलका साथ जम्मा हुन्छन्

केक काटिँदै गर्दा
हल्लाखल्ला बन्द गरेर
काँधमा काँध मिलाई
तिर्खाएका काकाकुलझैँ
केकको तिर्खा मेटाउन
केटाकेटीहरू केक वरिपरि झुम्मिन्छन्

केक खान नपाएका केटाकेटीको
केक खाने धोको पूरा गर्ने आशा दिलाएर
प्रकार प्रकारका पार्टी
आकार आकारका केक
केटाकेटीहरूलाई लोभ्याउने गर्छन्

ती पार्टीहरू,
अनि त्यहाँका केक बाँड्ने भान्सेहरू
देश काल परिस्थिति अनुसार
केकमा के–के मिसाइदिन्छन के–के
ककटेल समेत हालिदिन्छन्

अनि केटाकेटीहरू त
केकको लतमा फसिहाल्छन्
बिचरा अनविज्ञ केटाकेटी !
तिनलाई के थाहा
केकमा कस्तो र कति क्यालोरी छ
केकमा कति मिसावट छ
अनि केक कति हानिकारक छ
त्यसैले त,
पार्टी पार्टीमा केक काट्नै लाग्दा
केटाकेटीहरू केक वरिपरि
कमिलाको ताँती जसरी
केकको टुक्रा ताक्दै
कौतुहलका साथ जम्मा भई नै रहन्छन्

तिमीले पकाएको खाना

घरबाट टाढा हुँदा
मेरी जहान
तिम्रो सम्झनासँगै
तिमीले पकाएको खाना
झल्झली याद आउँछ

तिमीले बनाएको स्वादिलो खाजा
तिमीले बनाएको पोसिलो चमेना
चटपट चटनी
मेरो चारा अनि आहारा
मलाई मन पर्ने खुराक
मेरो मीठो छाक
मेरो शरीरका हरेक कोषका निर्माता
तिमीले पकाएको खाना
मलाई झल्झली याद आउँछ

घरमा हुँदा भान्साघरकी तिमी नाइकिनी
आप्रोनमा सजिने तिमी सिपालु मायालु
म टुक्रा पार्ने सफा गर्ने सहयोगी
साथ साथै छोरीहरू र म
मीठो भोजन ज्युनार गर्ने पनि सहयोगी

हाम्रो परिवारको चुलो तिमी बाल्छेऊ
तिमीलाई नै छ मर–मसला सबको खबर
हाम्री छोरीरूले पनि के के भेट्छन्
के के पोख्छन् छर्छन्
बनाउँछन् भान्साको काम मजेदार

दिउँसोको होस् वा रात्री भोजन
पार्टी होस् वा सामान्य दिन
अर्थोक नभए पनि बाँचिएला
खाना नखाई को बाँच्न सक्ला ?

मेरी जहान तिमी खानसँगै
माया पनि पस्कन्छ्यौ
र त तिमीले बनाएको खाना
हाम्रो मन पर्ने दाना
हाम्रो मन पर्ने दाना

च्यात्तिएका चाहना

भत्किएको सपनाको महल
च्यात्तिएका चाहनाका चाङ
भग्नावसेसका
टुक्रा टुक्राको
जोड घटाउ गुणन गरेपछि
चारैतिरबाट चिच्याहटका प्रतिध्वनिहरू
बिलाउँदै गएका थिए

मेरो सपनाको यो हविगत गराएर जाने तिमी
अचानक फेरि फैलिएको हात लिएर भेट भयौ
तर अफसोच
मेरो र तिम्रो मिलन
अव त मिथ्या प्रयास मात्र हुनेछ

तिमी अब झुटो मात्र होइन
जुठो पनि भैसक्यौ
म प्रताडित
तैपनि पवित्र नै रहें
मेरो सामु
तिमी बिगतको एक गलत निर्णय मात्र रह्यौ

मेरा केही सपना त टुटे
केही चाहना त च्यात्तिए
तर
मैले सपना देख्न छोडिन
चाहना राख्न छोडिन

आज च्यातिएका चाहनाले
मेरो नयाँ चिनारी बनाएका छन्
टुटेफुटेका सपनाले
सामर्थ्य थपेका छन्
च्यातिएका चाहनाका चाङ
आज मेरा दरिला आधार भएका छन्

अनि म आफैंभने
चुपचाप चुपचाप
नयाँ चाहनाका चाङमा
आफूलाई चोपलिरहेछु
नयाँ चाहनाका चाङमा
आफूलाई चोपलिरहेछु ।

म मरेको छैन

म मरेँ भनेर झ्याली पिट्नेहरू
म मरेँ भनेर
फेसबुक, ट्विटर अनि सारा इन्टरनेटभरि
फैलाउनेहरू
टेलिभिजन, चलचित्र अनि रेडियोभरि
मेरो मृत्युको अफवाह
मनोरञ्जनको खण्डमा सम्प्रेसण गर्नेहरू !

एकपल्ट आफ्नै अन्तरमनलाई सोध
तोतेबोली बोल्ने केटाकेटीका
लवजमा सुन
विरहका गीत अनि खुसीका सङ्गीतमा छाम
प्रकृतिको तालसँग ताल मिलाउँदै
प्रवाह भइरहने तिम्रो श्वासमा खोतल

अनि तिमीले थाहा पाउने छौ
हरेक युगमा,
सबै मानिस एकैपल्ट निदाउँदा
म सबैलाई एक एक गरी ब्युँझाउने गर्छु

मेरा पारखीहरू
मलाई मन्त्र मानेर
लोकमा मुखाग्र मलाई पस्कन्छन्
अनि पिछलग्गूहरूलाई प्रोत्साहित गरेर
युग परिवर्तन गर्छन्

गरिबी, भोकमरी अनि
पीडाका आर्तनादमा मात्र होइन
अट्टहासमा, यौवन अनि पावन परिवेशमा
म गीत बनेर
साहित्य बनेर
आत्म मरुभूमिमा छचल्किने गर्छु

होला,
मलाई जन्माउने एकदुई
मारिए वा मरे होलान्
तिनीहरू युगभन्दा अगाडि जन्मिएकाले

मेरा एक दुई रूपहरू जलाइए होलान्
मुर्खका मस्तिष्कमा तिनले
रन्थनिने गरी चेतना सल्काएकाले
तर,
देवताका आरातीका गीत
अनि झाँक्रीका तन्त्रमा समेत
मन्त्र भई रहने
सर्वव्यापी, अविनाशी
म कहिल्यै मर्दिन

म त अविरल भावना
मीठो सिर्जना
मन छुने कविता !
म कहिल्यै मर्दिन

त्यसैले मेरो उपहास नगर
किनकि म त
तिमीले पाएको अमूल्य उपहार
संवेदनाको शास्त्र
प्राणकै प्रमाण
म न त मरेको छु
न कहिल्यै मर्ने नै छु

केही किनारा लाग्नेछन्

बेगसँग हुत्तिने शोषणको छाल बनेर
मानिसका मिहेनत बगाएर सोहोरौँ भन्नेहरू
पसिनाले सिँचेर भर्खरी टुसा उम्रेका इमानलाई
जबरजस्ती घुसपैठको आहालमा डुबाउँ भन्नेहरू
तेस्तो गर्न केहीको मन नमान्न सक्छ
त्यसैले ती किनारा लाग्नेछन्

भोक, अभाव, अनि गरिबीका भावना छुँदै
मान्छेको फौज सँगालेर
शान्ति अनि सुव्यवस्था ल्याउने भनेर
मान्छे नै मारौँ भन्नेहरू
विकास र निर्माणको गन्तब्य पुग्ने भन्दै
भएका सडक, पुल, अनि सभ्यता नै
भष्म पारौँ भन्नेहरू
तेस्तो सोच केहीले नराख्न सक्छन्
त्यसैले ती पन्छिनेछन्

समाज सेवा गर्ने भनेर
संस्था खोलेर चन्दा उठाई
आआफ्नै भोगको लागि घर बनाउने
आफ्नै आफन्त अनि इष्टमित्रमा बाँड्ने भन्नेहरू
विदेशको बिलाशमा आफ्ना लागि
भरमग्दुर बटुल्न खोज्ने
तर जन्मभूमिका असाहाय निमुखालाई
वास्ता नगर्ने भन्नेहरू
मातृभूमिका भोका अनि लाचारलाई
चटक्क बिर्सनेहरू
तेस्तो गर्न सबको चेतनाले दिदैन
त्यसैले केही तिमीहरूबाट अलग हुनेछन्

धर्म गर्ने भनेर
दुईचार जना बटुलेर ठूला ठूला कुरा गर्नेहरू
अनि दीन दुःखीका लागि होइन
आफ्नै सम्बृद्ध समाजका लागि
कसरी फाइदा लुट्ने भनेर सोच्नेहरू
बुझेर पनि बुझ पचाऊन सबैले सक्दैनन्
त्यसैले केहीले आफैं सत्य खोज्नेछन्

ढोँगमा जति बेगले बग्नु छ बग
जति सोहोर्नु छ सोहोर
आखिर बगेर कहाँ नै पुग्छौ ?
सोहोरेर कहाँ नै पुर्याउँछौ ?
चेतनशीलहरू घस्रेरै पनि
किनार लाग्नेछन्

तेस्तो किनार जसले पुरै नदी अटाउन सक्छ
पुरै समुन्द्र अटाउन सक्छ
बग्ने सोहोर्ने सबको बेग रोक्न सक्छ
हो, केही किनारा लाग्नेछन्
केही किनारा लाग्नेछन्

ऊ, ऊ होइन रहेछ

चट्टानको चुचुरोमा चप्पल नलगाई हिँड्न खोज्ने
तर
विलाशको डस्नामा उत्सव मनाई
रमिता गर्न पुग्ने
ऊ, ऊ होइन रहेछ ।

आदर्शका कुरा गर्ने
तर
अभावमा आत कमाऊने
मुट्ठमा ताला लगाइ
नैतिकतालाई तराजुमा जोख्ने
ऊ, ऊ होइन रहेछ ।

उच्च विचार बोक्ने
तर
नक्कली गाथा समेटेर
निभेको दियोको प्रतीक बन्ने
ऊ, ऊ होइन रहेछ ।

अटुट माया र संवेदनाका किनारमा उभिएर
सत्य र धर्मलाई चिहाइ मात्र राख्ने
धुँवा र धुलोमा नुहाएर
पलायनलाई अँजुलीभरि राखेर
टाउकोमा सिउरने
अनि शब्दको साहरामा
कर्मलाई संक्षेपमा सहज बनाइदिने
ऊ त, ऊ होइन रहेछ ।
ऊ त, ऊ होइन रहेछ ।

म जहिले र जहाँ हुर्कें

म जहिले र जहाँ हुर्कें
त्यसताका बिजुली बत्ती थिएन
घाम थियो अनि उज्यालो थियो
गाडीहरू, पक्की सडक, अनि ट्राफिक जाम थिएन
हामीहरू जताततै सहर्ष हिँडेर पुग्थेउँ
अप्ठेराहरू थिएनन्
जिन्दगी सरल र सहज थियो
गगनचुम्बी भवन अनि बिशाल बजारहरू थिएनन्
हामीलाई चाहिने सबैचिज आँखावरिपरि हुन्थ्यो

म जहिले र जहाँ हुर्कें
त्यसताका प्रदुषण थिएन
हावा प्राकृतिक अनि स्वस्थ थियो
मोबाइल फोन र इन्टरनेट थिएन
सञ्चार गर्वसाथ धेरै तहमा हुन्थ्यो
पौडनको लागि बनाइएका पूल अनि खेल्नको लागि बनाइएका मैदान थिएनन्
सुन्दर खोला, ताल र चौर थिए
माग र पूर्तीको मोलतोल हुन्नथ्यो
साधन र श्रोत दीर्घकालीन धान्न मिल्ने अनि पर्याप्त थियो

म जहिले र जहाँ हुर्कें
त्यसताका अर्थहीन अभिलाषाका दुश्मनी कम थिए
मान्छेहरू धेरै मिलनसार अनि सादा थिए
मनमा डर अनि शङ्का कम थिए
समाज विश्वास र सौहाद्रताको साँङ्लोमा बाँधिने गर्थ्यो
छलकपट अनि बन्धन विरलै थिए
सत्य र स्वतन्त्रता रैथाने रहन्थे

म जहिले र जहाँ हुर्कें
त्यसताका म जति खुशी थिएँ अहिले पनि खुशी नै छु बराबरी
आश्चर्य लाग्दैन ? किन र कसरी ?

When and Where I Grew Up

When and where I grew up
there was no electricity
there was sunshine and light
there were no vehicles, concrete roads, or traffic
we walked everywhere to our delight
there was no complexity
life was straightforward and slight
there were no skyscrapers or supermarkets
all we needed was in sight

When and where I grew up
there was no pollution
things were natural and salubrious
there were no cell phones or internet
communication was glorious and multifarious
there were no swimming pools or playgrounds
rivers, lakes, and fields were gorgeous
demands and supplies did not bargain
resources were sustainable and cornucopious

When and where I grew up
there were less rivalries in pointless pursuits
people were more friendly and plain
there were less insecurities and doubts
plenty of trust and harmony were in chain
deceits and restraints were rare
truth and freedom stayed in domain

When I grew up, I was as happy as I am Now
Isn't it intriguing, why and how?

मेरी छोरी

मेरी सानी छोरी
तिमीसँग हुँदा
जुगौँ जुगदेखि हराएको
मेरो मुटुको सानो टुक्रा
भेट्टिएर गद्गद् भएको झैँ लाग्छ

तिम्रो सुवास
संसारभरिका हरहराउने फूलका गुच्छाले
दिन नसक्ने
देवताको सर्वश्रेष्ठ कल्पना जस्तो
पवित्र अनि अद्भूत सम्मोहन छर्ने
अलौकिक वास्ना जस्तो लाग्छ

तिम्रा निर्दोष हेराइहरू !
आत्माका कोषहरू छोएर
मस्तिष्कका आवाजभित्र बेहोश
मायाका छालहरूलाई
होशमा ल्याउने गर्छन्

तिम्रो जन्म हुँदा
तिमीलाई पहिलो पटक
हातमा लिँदा
खुसीका तरङ्गले
आँखाका बाँधहरू फुटेर
हर्षका आँशु
गाला भिजाउँदै
चिउँडोसम्म आइपुगेथे

तिमीसँग नहुँदा
तिम्रो भुतुक्कै बनाउने मायालु अनुहार
मनको पत्रपत्रबाट
आँखामा आइरहने गर्छ

मेरी छोरी
तिमी,
मैले र तिम्री आमाले रचेको
सर्वोत्तम कृति हौ
मिठासले भरिएकी
मधुर कविता हौ ।

मौनता

एकान्तमा पनि
मौनता साथमै रहन्छ
अविरल, निरन्तर
एउटा बफादार समर्थक जसरी

निशब्द हुँदा
शानदार वाक्पटुताका साथ
मौनता बोल्छ
सन्नाटा भएर

ज्ञानीहरू निस्तब्दतामा वास गर्छन्
जिज्ञासुहरू चुपचाप सोच्नुमा भरोसा राख्छन्
आध्यात्मिक खोजी गर्नेहरू
शान्त भएर ध्यान गर्छन्
हो त्यस्तो भव्य छ मौनता

कोलाहलबीच
सुनसानको अग्रदूत
अनगिन्ति भाषाबीच
सर्वमान्य शब्दावली
आवाज बिहिन मौनता
मूक तर तेजस्वी

'अनुचित कहिल्यै केही घट्दैन' भन्ने
शून्यताबाट आउने सूचना
खालीपनको भ्वाङ भर्ने
आत्मालाई आराम दिने
अचूक औषधी हो
सर्वब्यापी मौनता

Silence

Even in solitude,
silence stays,
like a loyal supporter,
with its unbroken presence.

When out of words,
silence speaks,
through void,
with its splendid eloquence.

Wise ones abide in stillness,
curious ones confide in quietude,
and seekers meditate in
tranquility,
such magnificent is silence.

Amidst the chaos of world,
a harbinger of serenity;
among countless languages,
a jargon of universality;
silence the soundless,
is mute but mighty.

It is a 'nothing ever goes wrong'
note
from nowhere;
a hole-filler, a soul-soother,
and a grand cure,
that permeates everywhere.

मायामा

शान्त अनि संयम थिएँ
अब रहिँन
एक मिनेट अघिको कुरापनि सम्झँन्न

अपरिचित भावना जाग्या छन्
रमाइला उमङ्ग उठ्या छन्

आत्मामा उल्लास छ
अनुभूति अद्भूत छ

सपनामा हराएको छु

कमलो भएको छु
भर्खर पानी परेर निथ्रुक्क भिजेको
सुख्खा माटो झैं

आनन्दका किरण
झरना झैं मुटुमा झरेर
डिलसम्म आएका छन्

सर्बदा
सुन्दर लयहरू
मस्तिष्कमा छाएका छन्

हृदय धड्धड् छ
शरीरका हर कोषले
गीत गाएका छन्

जे देख्दा पनि नौलो लाग्छ
दङ्ग पर्छु
एउटा चन्चल
बालक झैं भएको छु

In Love

Poised and calm I was
It did not last
Neither did a minute's past

Unusual feelings surge
Enjoyable emotions emerge

Spirit is ecstatic
Feelings are fantastic

I am lost in dreams

I have softened,
like dry mud,
recently drenched by the rain

Pleasure beams,
falling into heart like a stream,
fill up to brims

At all times,
beautiful rhymes
occupy the mind

Heart is pounding
Every cell in my body
is singing

Anything I see
I find it new and exciting
I have become like
a playful toddler

अगाध अन्योलमा

कुनै नयाँ कुरा होइन मलाई
आफैलाई अन्योलमा पाउनु
रनभुल्ल र अनिश्चित

बिचरा म
न त मेरो अनुभवले सहायता गर्छ
न त निर्दोषताले छुटकारा दिलाइदिन्छ
सोचविचारले पनि उद्धार गर्दैन

म निरन्तर प्रयास गर्छु
दुविधाबाट जोगिन
तर मेरो प्रयास,
सधैँ झैँ बेकार हुन्छ

मुटुलाई पीडा मात्र थाहा छ
मस्तिष्कमा सन्ताप मात्र बाँकी छ
कस्तो बिडम्बना
तैपनि म अन्योलमै छु

के यो महसुश एउटा कल्पना मात्र हो ?
एउटा भयङ्कर भ्रम ?
हो भने त
म यी अन्योलका डोरा
कल्पनाकै कात्रामा बेर्न चहान्छु

In the Profundity of Confusion

It is nothing new
to find myself in confusion
baffled and uncertain

Poor me
nothing of my experience help
no innocence gives an excuse
no thought rescues

I try incessantly
to avoid dilemma
but my attempts
as always, are in vain

My heart knows only pain
only woe remains in brain
How ironic
I am still in confusion

Is it just my imagination?
A grand illusion?
If yes
I would like to wrap
these strings of confusion
in fictional shrouds of the same
imagination.

जिन्दगी

परिभाषा फरक हुन्छन्
किनकि हामी सबै एकैनास छैनौ

केही यो एक खेल हो भन्छन्
मानौ कि हामी सब
निपूर्ण खेलाडी हौँ

म भन्छु यसलाई
कुनै नाम नदिउँ

यो बदलिइरहन्छ
परम सुखदेखि
दुःख, दुर्भाग्य, पागलपन हुँदै

यो अस्थिर छ
षडयन्त्रदेखि निष्ठासम्म
सन्तापदेखि उल्लाससम्म

यसले उल्झाउँछ
यो रहस्यमय छ

यस पल जीवित हुनु पर्याप्त छ
किन यसलाई एउटा अवधारणाको
बाकसमा राख्नु पर्यो ?

मलाई थाहा भए अनुसार
यसको सुरुवात सबैका लागि उस्तै छ
यसको अन्त्य पनि सबैका लागि उस्तै छ

सुरु र अन्त्यबीच, म रोज्छु सरलता
एउटा असिमित स्वतन्त्रता

Life

Definitions differ.
As we are not all
the same.
Some say, it is a game.
As if each of us
is an expert player.

I say, do not give it any name.

It fluctuates from
bliss to
sadness, badness, madness.

It vacillates between
treachery and fidelity,
woe and hilarity.

It baffles you.
It is mysterious.

To be alive now is enough.
Why box it
in a concept of the mind?

For all I know,
how it begins is the same
for all.
How it ends is the same
for all.
In between, I choose simplicity.
A freedom not to be bound.

त्यसको उपस्थिति

हृदयको गहिराइमा दुःख बस्थ्यो
रोक्न खोज्दा खोज्दै पनि त्यो झन् बढ्थ्यो

आफूलाई ज्ञानी सम्झेर
मैले सम्झौताको जीवन स्वीकार गरेथेँ
तर मुटुले मानेन
उसले सम्पूर्णता खोज्थ्यो
उसमा प्रश्न जाग्थ्यो
के संसार सबको लागि समान छ ?
के यहाँ आदर्श र सम्पूर्णता पाइन्छ ?

मेरा ती कौतुहल
बिनासित्तीका सम्पत्ति भए
तर मेरो असफलताको निकट,
एक खुशीको दिन आयो
ममा एउटा रुपान्तरण भयो

स्पष्टताले स्पर्श गर्यो
अनि मैले बुझेँ
हरहमेशा वर्तमानमा जे छ त्यो केवल एक छ
त्यो ज्ञान र ज्ञान जान्ने दुवै एक छ
हरहमेशा अहिले र वर्तमान मात्र छ
इतिहास र भविष्य भन्ने कुरा रहेनछ

त्यसपछि झूटा डर सबै गए
थाहा भयो कि परम आनन्द र जागृति
चिन्तन मत्थर अनि सुषुप्त हुँदा हुन्छ
एक त्यसमा नै
मेरो आत्मा र सम्पूर्ण चराचरको निवास छ

Presence of That

Deep inside my heart, sadness
dwelled.
I tried to avoid it but it swelled and
swelled.

I had accepted a life
of compromise,
thinking I was wise.
But my heart sought for
perfection.
It filled with questions.
Is the world fair?
Is perfection there?

My seeking, on many occasions,
became unyielding possessions.
One day near to my failure,
came a day of pleasure.
A transformation occurred.

With a touch of clarity,
I realized.
All there is ever present is just one.
That One is the known and the
knower.
There is only now, no past or
future.

Then false fears were all gone.
I found out, pure bliss and
awareness are when thoughts sleep
and subside.
There is only That One.
Where my Self and everything
abide.

सम्पूर्णता

सम्पूर्णता
किनारसँग ठोक्किँदै चुम्न जाने
छालको ध्वनिमा छ

आफू चुप रहेर
प्रकृतिलाई आवाज निकाल्न दिने
चाहनामा छ

प्राकृतिक शक्तिहरूको
आआफ्नै स्वार्थको झगडामा छ

घुम्दै हिँड्ने बादलको चालमा
र तिनीहरूले लिने अनेक आकारमा छ

गर्मीमा फूल्ने इन्द्रकमल फूलको
बास्नामा छ

आफूमुनिको बालुवाप्रति कृतज्ञ
समुन्द्र किनारमा उपनिषद पल्टाएर
सुतेकी युवतीमा छ

सम्पूर्णता
यस पल समक्ष आत्मसमर्पण गर्नुमा छ
निस्फिक्री एउटा प्वाँख झरेझैं
बाँच्नुमा छ

तिम्रो मस्तिस्कलाई जालो बन्न नदेऊ
तिमी पनि एक सम्पूर्णता हौ

आहिलेनै यहीँ
सम्पूर्णता तिमीमा छ
महशुस गर त
तिमी चुक्ने छैनौ

Perfection

Perfection is in
the sound of a wave,
poking the shores.

It is in the urge to be quiet
and let nature
make the noise.

It is in the conflict of natural forces
fighting for their own interests.

It is in the motion of
wandering clouds,
in the various shapes they become.

It is in the air with aroma
of gardenia in the summertime.

It is in a beach girl holding a book
of Upanishads
and thankful to the sand
underneath her.

It is in the surrender to the Now,
in the free fall devoid of thoughts.

Perfection, my dear being,
is what you are.

Let not your mind
obscure your view.
Be still and be aware,
right where you are,
you cannot miss it.

तिमी र म

मेरी माया
मेरी प्रियतम
हामी सँगै भएको बेला
हामी पूरा हुन्छौँ

मलाई लाग्छ
तिमी मेरो
आधा भाग हौ

तिमी बेगर = दृष्टिकोणको द्वन्द

तिमी उपासना गर्न लायक छौ

तिमी प्राकृतिक आकर्षणको बस्त्रले
सजिएकी जस्तो लाग्छ

तिम्रो आँखामा लालित्य भरिएको छ

तिम्रो प्रभावले
मलाई प्रफुल्लित बनाउँछ

तिम्रो उपस्थिति
मलाई आरामदायी लाग्छ

तिमी र म दुई मुटु एक आत्मा
एक अर्काको लागि बनेका

तिमी र म प्रेम हौँ
तिमी र म एक हौँ

You and I

My love
my dear
when we are together
we are complete

I feel
that you are my
alter ego
without you = altercation of
views

You are adorable

You wear a natural appeal

Your eyes
are full of elegance

You emanate vibes
that elate me

Your presence comforts me

You and I are two hearts one soul
made for each other

You and I are love
You and I are one

केही मुक्तकहरू

।१।

तिमीसँग एकान्तमा हुन मन लाग्छ
सुनसानमा स्वासले स्वास छुन मन लाग्छ
साउतीले मन साट्ने मात्र होइन
चाहनालाई तृप्तीले धुन मन लाग्छ

।२।

जीवन मात्र कहाँ हो र ? अव त रहर पनि तुहिन थाल्यो
अरुको त चामल फल्यो रे, आफ्नो त पिठो पनि कुहिन थाल्यो
थुपार्या छन् अरुले कुन्नि कसरी हो ? आफ्नो त
टाल्या टाल्यै गर्दा पनि सबथोक चुहिन थाल्यो

।३।

पागल प्रेमीको नाम दिएको छ दुनियाँले, मलाई त सिर्फ मायाको भोक थाहा छ
वरिपरि अरु हाँस्य नाँच्या छन्, मलाई त सिर्फ तिमी नपाउनुको शोक थाहा छ
भन्छन् बौलाएँ रे, बेहोश छु रे, कहाँ छु ? कसरी छु ? केही थाहा छैन
हो भुलेछु सबथोक मैले आजकल तर मलाई अझै तिमी हिंड्ने चोक थाहा छ

।४।

तिम्रा आँखा कस्ता चुम्बक हुन् कुन्नि सधैं मलाई तिमीतिरै तान्छन्
म जता जान खोजे पनि घुमिफिरी तिमीतिरै लान्छन्
भुल्छु तिमीलाई भन्छु धेरैतिर मन डुलाउन खोज्छु
तर मनका भावना अनि मायाका छाल तिमीतिरै मात्र जान्छन्

केही गीति कविताहरू

।१।

तिमी पनि एकतर्फी माया गरेर हेर
मुटुभरी तीता तिरस्कार भरेर हेर

तनमनमा अतृप्त चाहना च्यापेर हेर
छातीभरी सबैतिर तृष्णा छ्यापेर हेर

निधारमा सधैँलाई असफलता छापेर हेर
हरदिन कमजोर हुँदै लुगलुग काँपेर हेर

आफ्नै सासलाई हरपल सरापेर हेर
मृत्यु पर्खदैँ जीवनका दिन नापेर हेर

तिमी पनि एकतर्फी माया गरेर हेर
मुटुभरी तीता तिरस्कार भरेर हेर

।२।

समाजको दायराले उनलाई सुटुक्क भेट्न नमिल्ने
भेट भइहाले पनि मनका हर तिर्खा मेट्न नमिल्ने

आँखा आँखा ठोक्किरहने उनीसँग मात्र बोल्न नमिल्ने
के छ कसो छ भन्दा बाहेक अन्य भावना खोल्न नमिल्ने

कि त उनलाई भुल्नु पर्ने कि त संघर्ष रोज्नु पर्ने
लड्न नसके लत्रिएर माया अन्तै खोज्नु पर्ने

रित्तो एउटा यथार्थलाई कल्पनाले भर्नु पर्ने
समाजको जालोभित्र चुपचाप माया गर्नु पर्ने

केही गीति कविताहरू

|३|

ईश्वरको त्यो कस्तो सराप ?
उसको जिन्दगी किन यस्तो धराप ?

सास बाँकी छ, जिएको पनि छैन
नशा बाँकी छ, पिएको पनि छैन

नियतिको त्यो कस्तो खेला हो ?
जिन्दगी यो कस्तो मेला हो ?

कति वसन्त गए बुझेको पनि छैन
भिजेको छ ऊ डुबेको पनि छैन

आँखाभरि रहर थिए कसरी मेटिए ?
अघि बढ्ने बाटाहरू कहाँकहाँ मोडिए ?

थाकिसक्यो ऊ, हिँडेको पनि छैन
हारिसक्यो ऊ, भिडेको पनि छैन ।

उसको अवशान न कसैले देख्यो
उसको जीवनकथा न कसैले लेख्यो

ईश्वरको यो कस्तो सराप ?
कसैको जिन्दगी किन यस्तो धराप ?

केही गीति कविताहरू

।४।

हो, म हर रात टिल्ल हुनेगरी पिउने गर्छु
बाँकि रहेको जिन्दगी छिटो छिटो जिउने गर्छु

आँसु नझारी भक्कानिएर धुरु धुरु रुने गर्छु
दुःख र पीडालाई रक्सीलेनै धुने गर्छु

उनको माया नपाईकन म त अब जिउन सक्दिन
उनी जसको भए पनि म अरु कसैको हुनै सक्दिन

जीवन जगत संसार अब मेरा लागि हुँदै होइन
एउटै वियोग काफी भयो घाउ भरिने आशै छैन

म देखि मृत्यु डराओस् मलाई कुनै डरै छैन
आज हो कि भोलि अन्त्य मेरो कुनै भरै छैन

हो, म हर रात टिल्ल हुनेगरी पिउने गर्छु
बाँकि रहेको जिन्दगी छिटो छिटो जिउने गर्छु

।५।

अलग जिन्दगीको खोजीमा अमुल्य जीवन मासिन्छ
रङ्गीन सपनाका पछि लाग्दा बिपनाका रङ्ग नासिन्छ

साना सयौं खुसीहरू महत्वकाँछाले मार्दछ
भोली भोली सुत्रले जोबनका रहर टार्दछ

रित्तिएर के भो ? रित्तोले त नयाँपन भर्न सक्छ
थुपार्ने मात्र गर्छु भन्दा भोग गर्ने अरुनै पर्न सक्छ

अन्त्य राम्रो भएनी को भो ? सुरुवात नभएपछि
उपहार पाउनुको के अर्थ भो ? स्वीकार्न नगएपछि

अलग जिन्दगीको खोजीमा अमुल्य जीवन मासिन्छ
रङ्गीन सपनाका पछि लाग्दा बिपनाका रङ्ग नासिन्छ

केही गीति कविताहरू

|६|

यथार्थलाई थाती राखी जब डुब्छु कल्पनामा
तिमी र म प्रेम गर्छौं देखे जस्तै सपनामा

त्यतिबेला भावनाले निखार्दिन्छन् मनका भय
अनि तिम्रो सम्झना बन्छ तनको मधुर लय

प्रतिबन्धहरू बीच बिपनामा म एक कैदी सही
कल्पनामा सम्बन्ध गाँस्न मलाई छैन मनाही

भन्नेहरूले भनिरहुन है तिमीलाई म पाउन सक्तिन
तर्कनाको बाटो गरी तिम्रो आलिङ्गनमा म आउन रोक्दिन

फलाक्नेले फलाकुन है म हारको दृष्टान्त भनेर
मेरो चित्तमा हर हार जल्छन् जीतका राप बनेर

यथार्थलाई थाती राखी जब डुब्छु कल्पनामा
तिमी र म प्रेम गर्छौं देखे जस्तै सपनामा

|७|

मन भित्र कल्पनाले मीठा कुरा गरिरन्छ
यथार्थमा आँखाबाट तप् तप् आँशु झरिरन्छ

मुटुलाई के थाहा ऊ त सपना छरिरन्छ
छरिएको सपना भने नउम्रदै मरिरन्छ

एउटा सुख नसक्किदै अर्को दुःख परिरन्छ
सोचे जस्तो सुन्दर संसार समयसँगै सरिरन्छ

जे भएनी भावनाले उमंगचैं भरिरन्छ
रङ्गहरूको बगैचामा जिन्दगानी चरिरन्छ

केही गीति कविताहरू

आक्कल झुक्कल देखा पर्ने दुर्घटना टरिरन्छ
साहसका पुलहरूले अप्ठ्यारा पल तरिरन्छ

निराशालाई आशाहरूले एक एक गर्दै हरिरन्छ
जिन्दगीले जिन्दगीलाई सधैँ माया गरिरन्छ

।८।

नजिक आउँदा तिमी अलौकिक आभा छरेर जान्छेऊ
आँखाका आश्रममा हुँदा सुमधुर सम्झना भरेर जान्छेऊ

अर्चानीय एक देवीको आभास दिलाएर जान्छेऊ
मुस्कानको झरना माछालाई झैं पिलाएर जान्छेऊ

कोमल नयनका कान्तिले उज्यालो बनाएर जान्छेऊ
आकर्षणको करेन्टले पुरै शरीर झन्झनाएर जान्छेऊ

मीठा बातले मेरो ब्रम्हाण्डमा रहरहरू जगाएर जान्छेऊ
आत्मीयता अवतरण गराई दुविधाहरू बगाएर जान्छेऊ

छुट्टिने बेलामा फर्केर एकपल्ट पुलुक्क हेरेर जान्छेऊ
मेरो मुटुलाई पनि आफूसँगै आँचलमा बेरेर लान्छेऊ

नजिक आउँदा तिमी अलौकिक आभा छरेर जान्छेऊ
आँखाका आश्रममा हुँदा सुमधुर सम्झना भरेर जान्छेऊ

केही गजलहरू

।१।

माया गर्छु भन्नेले मुटुमा प्वाल खोपिदिए
हितौषी मानेकाले ढाडमा छुरा रोपिदिए

यस्तो गर्छु उस्तो गर्छु भन्नेहरू धेरै थिए
हात बाँधी सुती सुती गफमात्र ठोकिदिए

खुराफाती जम्मा भए स्वार्थका सल्लाह भए
इमान्दारका कुरालाई छलले छोपिदिए

युग आए युग गए धर्मात्मा हुँ भन्ने भए
तिनलेनै अध्यात्मामा दुष्ट मन चोपिदिए

गेडी छन्जेल आफ्ना रहे नहुँदा टेडी भए
सुक्नला घाऊमा पनि काँडैकाँडा घोपिदिए

अरुका भाव फाल्तु पाए अफ्नाको जय गाए
यी शब्दको भाउ पनि दुई पैसा तोकिदिए

।२।

आधा जिएपछि मेरो हात समायौ तिमीले
अटुट माया पाएर आँसु थमायौ तिमीले

शरीरको सुन्दरतामै शान मान्दै उहिले
उपेक्षाका अगुल्टाहरूले डमायौ तिमीले

जिन्दगी हरपल सुख भन्ने सम्झी हिंड्थ्यौ
अरुसँग मात्र खुशी खोज्दै रमायौ तिमीले

भमराहरू घुम्दै गर्दा होश सबै गुमायौ
बदनामी पनि सबैतिर कमायौ तिमीले

धरातल भासिएपछि भान भएर होला
ढुकढुकीलाई भावनाले छमायौ तिमीले

आखिरमा अजम्बरी माया गर्नेलाई चिनेर
आफ्नो मुटुमा प्रेमीको वास जमायौ तिमीले

केही गजलहरू

।३।

माया त खिया लागेको खुकुरी पो भएछ
मुटु भने झुण्ड्याएको सुकुटी भएछ

नसोध अचानोसँगको भेट कस्तो हुन्छ
रहरहरू सिर्फ दापमा कैद भएछ

बिर्सिएछ जोशिएर ठोक्किनु कस्तो हुन्छ
उमङ्ग त लड्या लडै अशक्त पो भएछ

आँखा वरिपरी अन्धकार बादल घुम्छ
आशा त दिनानुदिन निसासिंदै गएछ

मक्किएर दापपनि एकदिन त झर्छ
खियाले त खुकुरीनै छिया छिया भएछ

।४।

उज्यालो दिन सक्न त जल्नु पर्ने रहेछ
आफू खरानी भएर बल्नु पर्ने रहेछ

मै हुँ भनेर घमण्ड गर्न त जो पनि सक्छ
निहुरन सक्नलाई फल्नु पर्ने रहेछ

चट्टान झैँ कडा भए त एकैनाश भैहाल्छ
हर आकार दिन त गल्नु पर्ने रहेछ

सधै अग्लो भैरहन्छु भन्नेले पनि
एकदिन त गर्ल्याम्म ढल्नु पर्ने रहेछ

मरेर जान त सजिलो रेछ, अमर हुन त
जिन्दगीसँग सत्कर्म मल्नु पर्ने रहेछ

केही गजलहरू

।५।

आँखा तिमीमा परिहाल्यो अब मोड्न सक्दिन
तिमी बाहेक अरुसँग माया जोड्न सक्दिन

मस्तिष्कभरी तिम्रै दृश्य घुमिरहन्छ आजकल
आफ्नो टाउको आफैले ठोकेर फोड्न सक्दिन

धेरै मुटुका फुलबारीमा माया रोप्न खोजें
तिमी बाहेक अरु कुनै फूल गोड्न सक्दिन

तिम्रै हुन्छु जीवनभर भनेर कसम खाको छु
आफ्नो बाचा नमरुञ्जेल अब तोड्न सक्दिन

तिमी माया गर या नगर , म त तिमीलाई
माया गर्न थालिसकेछु अब छोड्न सक्दिन

।६।

कैदीले भन्यो कहिल्यै नखुल्ने ताला हो जिन्दगी
घाइतेले भन्यो ढाडमा रोप्या भाला हो जिन्दगी

बुर्लुक्क उफ्रदै वयस्कले भन्यो
भर्भराऊँदी युवतीको रातो गाला हो जिन्दगी

सकी नसकी वृद्धले भन्यो
बुढ्यौलीले चाउरीएको छाला हो जिन्दगी

वितृष्णामा डुबेको जनताले भन्यो
घुस्याहा नेताको भ्रष्ट चाला हो जिन्दगी

सन्तोषलाई सोद्धा सन्तोषले भन्यो
साना साना खुसीले गाँस्ने माला हो जिन्दगी

केही गजलहरू

।७।

माया बाँधिनुअघि विश्वासको डोरी फुकेछ
मैले पत्र लेखेपछि उनको कलमको मसी सुकेछ

उनलाई जित्न हरथोक हारेथें
परिबन्धले उनकोसामु पनि शिर झुकेछ

साँचो प्रेम ढाकिदैन भन्थे
तर साक्षी बस्ने समयनै कतै लुकेछ

समाजको नियम पनि कस्तो, सपनामा
मेरो लाश छुन पनि उनको हात रुकेछ

नसोध मलाई आज किन होशमा छौ
साथ दिने मदिरा पनि आजै चुकेछ

।८।

तिम्रो धड्कनको तालसँग सास फेर्न चाहन्छु
अँगालोमा तिमीलाई हरपल बेर्न चाहन्छु

अतीत र भविष्य बिर्सी, खुसी छौं मिलनमा
यो पललाई वर्तमानले मात्र घेर्न चाहन्छु

समाजले उल्फत गरेर के भोर ? तिमी त मेरो साँचो प्रेम
तिम्रोलागि सिर्फ मनको कुरा टेर्न चाहन्छु

तिमीसँगको एक पल पनि मेरो ठुलो प्राप्ति
हजार समस्या र चुनौती मस्तिष्कबाट केर्न चाहन्छु

बिर्सेर आज हरथोक, बिपनामै
सपना र कल्पनाका कुरा हेर्न चाहन्छ

केही गजलहरू

।९।

उसले भौतिक सुखका होइन आदर्शका शब्द कहेछ
अनि पो दहिपछि खाएको पानी झैं खल्लो हुँदै गएछ

नाम र शक्तिको पछि लाग्न छोडेर
आफ्नै बदनामी पनि सहर्ष सहेछ

सोच र सिद्धान्तलाई मात्र च्याप्न छोडेर
आफ्ना भावनामा पनि मनखुस बहेछ

ऊ अरू जस्तो हुन नखोज्ने आफ्नै संसारमा रमाउने
अरुको नजरमा ऊ त कसैले नबुझ्ने पागल रहेछ

संसार जकडिएको सामाजिक जालो
ऊ चाहिँ खुट्टाहरू चुँडिएको माकुरो झैं भएछ

।१०।

पहिलो भेटमै उनीसँग खुल्न पुगेछु
थाहै नपाई उनलाई मनमा हुल्न पुगेछु

सपना कि बिपना हो होश गुमाएर
मात्र उनकै वरिपरि डुल्नु पुगेछु

उनी भईन् पराई अनि गईन् धेरै टाढा
अझै पनि उनकै यादमा झुल्न पुगेछु

दिन हप्ता महिना बर्ष दशक बिते पनि
सम्झी सम्झी आफूलाई नै भुल्न पुगेछु

उनी एक गुलाब थिईन् म एक काँडा
कुर्दा कुर्दा काँडा पनि फुल्न पुगेछु

केही गजलहरू

।११।

तिमीसँग बाँच्न पाईन, अब म जीवनभरी एक्लो हुन्छु
तिमीसँग हाँस्न पाईन, अब म जीवनभरी हरदिन रुन्छु

आँखा खुलेर के भो ? मनले हेर्न नचाहने अन्धो भएको छु
आँखा वारिपरिका हरचिज आजकल आँशुले धुन्छु

झर्न खोजिरहेको एउटा रुखको सुकेको हाँगा भएको छु
किन यस्तो सजाएँ मलाई भन्दै सासलाई सासैले थुन्छु

बेहोश, अचेत अनि अचल एउटा लाश झैं भएको छु
तैपनि ब्यूँझन्छु बेलाबेला, जोड जोड आफ्नो ढुकढुकी सुन्छु

टुट्ने छु, फुट्ने छु, गन्तब्यहीन भएर सधैं भौतारिनेछु
मिलन नभएर के भो ? म त हर जुनीमा तिमीलाई नै चुन्छ

।१२।

मनको कुरो मनलेनै विश्वास गरेन
अरुको त के आफ्नै पनि भर पर्नु परेन

पतन भएर पातालमा बजारिएछु
अनि त त्यो भन्दा तल झर्नु परेन

छताछुल्ल भएछन् कल्पना फुटेर
त्यसपछि टुक्राहरू बीच आशा छर्नु परेन

बिपनामा भासिंदा सपनाले साथ छोडेछन्
आहा जीवनमा नियोजित केही गर्नु परेन

ऐना हेर्दा अरुनै कोही नौलो देख्छु
एउटा आफू मरिसकेछु अब फेरि मर्नु परेन

अन्त्यमा

सर्वप्रथम, मेरो बुबा डा. भरतप्रसाद लामिछाने एवं मेरी ममी भवानी लामिछानेको हौसला, सहयोग र समर्थनविना म यो सङ्ग्रह सिर्जना गर्ने अवस्थासम्म आइपुग्ने नै थिइन । साथसाथै, मेरी जीवनसाथी, मेरी प्यारी सुपुत्री काव्या र आर्याकी आमा विन्दु तिमिल्सिनाको साथविना यो सङ्ग्रह प्रकाशन गर्ने वा कविता लेख्ने उत्साह ममा सायदै रहन्थ्यो । मेरा हजुरबुबा स्व. दधिलाल लामिछाने र हजुरआमा स्व. धनमाया लामिछानेको न्यानो माया र प्रेमले मलाई यहाँसम्म आइपुग्न मद्यत पुर्याएको छ । त्यसमाथि पनि अन्य हजुरबुबा केदारनाथ लामिछानेको स्मरणशक्ति, हजुरआमा स्व. मनमाई लामिछानेको माया र प्रेरणा तथा हजुरबुबा रत्नप्रसाद लामिछानको प्रस्तुतिका झल्कोहरूले पनि मलाई थप उर्जा प्राप्त भएको महशुस गरेको छु ।

त्यसैगरी मेरो स्कुले जीवनमा मेरो बुबाका साथीहरू माधव खनाल, सुरेन्द्र श्रेष्ठ, हरि केसी, राम लामा, डाँचाराज वाग्ले, उत्तरकुमार राई, सुरेसकुमार राई, र दिपक न्यौपानेले राष्ट्रिय स्तरको कार्यक्रममा भाग लिन मलाई समेत लिएर जानुभएको थियो । उक्त कार्यक्रममा पनि मलाई कविता वाचन गर्ने मौका मिलेको थियो । त्यसै कार्यक्रमबाट पनि मलाई प्रेरणा थप भएको महशुस भएको थियो । त्यसैगरी समाजसेवीहरू दिल सुन्दर श्रेष्ठ, सुवास काजी श्रेष्ठ, रश्मी श्रेष्ठ, वसन्त दवाडी, र सबिना अर्यालको प्रेरणादायी भूमिका बिर्सिनसक्नु रहेको छ । मामाघरका हजुरबुबा सूर्यप्रसाद हुमागाइँ, स्व. हजुरआमा चन्द्रकुमारी हुमागाइँ तथा सबै मामा–माइजू, सानीआमा–ठूलीआमा र दाजुभाई–दिदीबहिनीको प्रेरणा थपिँदा म हर्षित हुन्थेँ ।

मेरा भिनाजु श्री झंकप्रसाद न्यौपाने तथा मेरी ठूल्दिदी मञ्जु लामिछानेले यस सङ्ग्रहको टाइपिङ तथा लेआउटमा सहयोग गर्नुभएको छ । मेरी सान्दिदी रञ्जु लामिछाने र बहिनी रमिलाबाट पाएको सदा समर्थनप्रति म आभारी छु । यो सङ्ग्रह प्रकाशनको क्रममा साधुराम तिमिल्सिना, जो नेपाली विषयका अनुभवी गुरु हुनुहुन्छ, उहाँले मलाई सल्लाह सुझाव दिनुभएको छ ।

मेरो पहिलो कविता पढेर मलाई प्रोत्साहन दिने व्यक्ति मेरा ठूलाबा नन्दप्रसाद लामिछाने र ठूलीआमा रुकमाया लामिछानेका ज्येष्ठ सुपुत्र मेरा आदरणीय दाजु राजकुमार लामिछाने हुनुहुन्छ। म उहाँलाई ठूल्दाइ भन्ने गर्छु। ठूलाबाका अन्य दुई छोरा, मेरा दाजुहरू रामकुमार लामिछाने जसले मेरा कविता सुनिदिएर मेरो हिम्मत बढाइदिनुभो अनि श्यामकुमार लामिछाने जसले मेरा कविताका समालोचना गरेर मेरो सिप तिखार्न सहयोग गर्नुभयो, उहाँहरूले ठुल्दाइले दिनुभएको हौशलामा उर्जा थप्नुभयो।

स्कुलमा मेरा नेपाली पढाउने गुरु तथा साहित्यकार, डा. विष्णुप्रसाद आचार्यले मेरो कविता लेख्ने सिप तिखार्न ठूलो मद्दत गर्नुभएको छ। मैले साक्षात्कार गरेको सवैभन्दा मीठो नेपाली लेख्ने व्यक्ति उहाँ नै हुनुहुन्छ। मेरा अर्का नेपाली पढाउने गुरु रमेश भट्टराईले पनि मलाई हौसला प्रदान गर्नुभएको छ।

मेरा जन्म काठमाण्डौबाट ४३ किलोमिटर टाढा काभ्रे जिल्लाको पाँचखालमा भएको थियो। मेरो किशोर अवस्था काठमाण्डौको मिनभवन, शान्तिनगरमा बित्यो। त्यहाँ मेरो छिमेकमा प्राध्यापक डा. जिवेन्द्रदेव गिरी बस्नुहुन्थ्यो। उहाँ प्रगतिशील सोच राख्नुहुन्थ्यो अनि ब्यवहारमा पनि लागू गर्नुहुन्थ्यो। उहाँले परलोक भइसक्नु भएका आफ्ना पिताको श्राद्धको दिन परम्परागत पूजा पाठको सट्टा घरमा बालबालिकाहरूको कविता, कथा र कलाको प्रदर्शन गर्ने कार्यक्रम आयोजना गर्नुहुन्थ्यो। मैले ती कार्यक्रमा भाग लिंदा उहाँबाट धेरै प्रेरणा पाएको छु।

बाल्यकालदेखि नै मेरा कविता पत्रपत्रिकाहरूमा छापिने गर्थे। किशोर अवस्थामा मेरो बुबाका पत्रकार मित्रहरू प्रभुनारायण बस्नेत तथा केशव अर्यालले मेरा कविता प्रकाशित गर्न मद्दत पुर्याइ मेरो हौसला बढाउनु भएको छ। आइ.एस्सी. पढ्दा सेन्ट जेवियर्स कलेजमा म "प्रवाह" नामक नेपाली त्रैमासिकको कार्यकारी सम्पादक थिएँ। त्यतिवेला मेरा मित्र सोनाम दोर्जे शेर्पाले पनि मलाई निकै सहयोग गरेका छन्।

जवान भइसक्दा म स्नातक गर्न अमेरिका आइसकेको थिएँ। अमेरिका आएपछि करीब ६ बर्षसम्म मेरो कलम चलेन। स्नातक सकेर केही बर्ष काम गरेपछि म स्नात्तकोत्तर अध्ययन गर्न यूनिभर्सिटी अफ विस्कान्सिन म्याडिसनमा रहँदा, त्यहाँ साहित्यकार दिनार श्रेष्ठको संयोजकत्वमा साहित्यकार विजय मल्लका चार छोरीहरू उमा, सृजना, अर्चना तथा वन्दना मल्लद्वारा प्रायोजित, नेपाल अमेरिकन मैत्री सङ्घद्वारा आयोजित साहित्य साँझमा भागलिने अवसर मिल्यो। त्यसयता मेरो कलम पुनः ब्युँझियो। लेख्दै जाँदा पहिलेका केही फुटकर अनि पछि लेखेका केही कविता गरी यो पुस्तकको सुरुवात भयो।

एक दशकसम्म अमेरिका बसिसक्दा, केही अमेरिकी साथीहरूले केहीलाई भएपनि अङ्ग्रेजीमा अनुवाद गर्नुहोस् भनेर अनुरोध गर्नुभयो। म अङ्ग्रेजी भाषामा पोख्त छुइन, अङ्ग्रेजीमा कविता पनि निकै कम लेख्छु। नेपालीमा लेखेको अङ्ग्रेजीमा अनुवाद गर्दा जस्ताको तस्तै हुँदैन। तैपनि केही कविता अनुवाद गरेको छु। आफ्नै कविता अनुवाद गर्दा भावलाई अनुवाद गर्न सजिलो भएपनि अनुवाद पश्चात कविता अलि मत्थर भएको महसुस भयो। तैपनि यस पुस्तकमा मेरो प्रयासलाई समेटेको छु, त्यो आशाले कि, अङ्ग्रेजी र अनुवादमा दख्खल हुने अन्य साथीहरूले नेपाली भाषलाई विश्वसामु पुर्याउने अवसर देख्नुहुनेछ।

मेरी साथी क्रिस्टी अट्टो, जसको मातृभाषा अङ्ग्रेजी हो, उनले मेरो अंग्रजी अनुवादबारे प्रतिक्रिया दिएर मलाई गुन लगाएकी छिन्। मेरा अर्का मित्र सुवर्ण धिताल, जो नेपाली तथा अङ्ग्रेजीदुवै साहित्यका प्रबुद्ध पाठक हुन्, उनले मेरा नेपाली तथा अङ्ग्रेजी अनुवादित कविता पढेर मलाई सल्लाह दिएका छन्। उनलाई पनि मेरो हार्दिक धन्यवाद।

त्यसै गरी मेरी अर्की साथी पुनम पोखेल जसले यो किताबको आवरण चित्र बनाएर र पुनमका जीवनसाथी, मेरा मित्र, सन्तोष भट्टराईले पुनमले बनाएको चित्रलाई डिजिटल ढाँचामा सुसाङ्ख्यमा उतारेर मलाई सहयोग गरेका छन्, उनीहरूलाई पनि मेरो मुरी मुरी धन्यवाद। अर्का धन्यवादका पात्र हुन् मित्र बिपिन कर्माचार्य जसले उक्त आवरण चित्रलाई छपाईको लागि प्रगाढ बनाएर सहयोग गरेका छन्।

अन्त्यमा मेरा ससुराली परिवारका आदरणीय हजुरबुबा दामोदर तिमिल्सिना र हजुरआमा कलावती तिमिल्सिना, बुबा उत्तमराज तिमिल्सिना, आमा सीता तिमिल्सिना, काका–काकीहरू एवम् दिदीहरू तथा भाईहरूका प्रेरणा एवम् सद्भावले यो पुस्तक प्रकाशन गर्न उत्साहित तुल्याएकोमा उहाँहरू प्रति पनि हार्दिक आभार व्यक्त गर्दछु।

कृपया कविता सम्बन्धि सुझाव वा प्रश्नहरू मेरो ईमेलमा lmn.santosh@gmail.com पठाउनुहोला। धन्यवाद।

Lastly

I would like to thank my parents, Dr. Bharat Prasad Lamichhane and Mrs. Bhawani Lamichhane, for their encouragement and support towards my writing since my childhood. I am grateful to Bindu Timilsina, my life partner and mother of my daughters, Kavya and Arya, for persuading me to continue writing. Love from my late grandfather, Dadhilal Lamichhane, and late grandmother, Dhanamaya Lamichhane, has enabled me to reach where I am today. My great uncle, Kedarnath Lamichhane's memory power, great aunt, Manmai Lamichhane's inspiring nature, and my great uncle, Ratna Prasad Lamichhane's skills in presentation have always provided me motivation to excel.

Before high school, my father's friends, Madhav Khanal, Surendra Shrestha, Hari KC, Ram Lama, Dancharaj Wagle, Uttarkumar Rai, Suresh Rai, and Deepak Neupane helped me present my work at a national stage. Similarly, social workers Dil Sundar Shrestha, Subash Kaji Shrestha, Rashmi Shrestha, Basanta Dawadi, and Sabina Dawadi have also helped me in various ways. My maternal grandfather, Surya Prasad Homagain, late maternal grandmother, Chandra Kumari Homagain and all my maternal uncles and aunts have always helped to bring out the best in me.

My brother-in-law, Mr. Jhanka Prasad Lamichhane, and my eldest sister, Manju Lamichhane, helped me with the typing and layout of this collection. My second elder sister, Ranju Lamichhane, and my younger sister, Ramila Lamichhane, have always been supportive of my writing hobby. Mr. Sadhuram Timilsina, an experienced teacher of Nepali language, provided constructive criticism and advice to improve this collection.

My first poem was critiqued by my cousin, Raj Kumar Lamichhane, eldest son of Mr. Nanda Prasad Lamichhane and Mrs. Rukumaya Lamichhane. I call him Thuldai, which means "eldest brother". Thuldai motivated me to write more, while his younger brothers, Ram Kumar Lamichhane and Shyam Kumar Lamichhane, listened to my poems, provided constructive criticism, and fueled my passion for poetry.

In high school, Dr. Bishnu Prasad Acharya, my teacher who taught Nepali, contributed a lot to improve my poetry writing skill. "Acharya Sir", as I knew him, can write in Nepali better than anyone I have ever come across. Dr. Ramesh Bhattarai, another teacher who taught me Nepali, also provided me with great tips on writing poetry.

I was born in a small village called Panchkhal, 43 kilometers east from Kathmandu, the capital city of Nepal. I moved to Kathmandu when I was nine years old. I spent my adolescent years in Minbhawan, Shatinagar of Kathmandu. Among my neighbors was Professor Jivendra Dev Giri, a man of modern thought and progressive ideas. Every year on his father's memorial day, instead of organizing a traditional religious ceremony, he organized a program to invite children from the neighborhood and let them present their poems and stories. He was impressed by what I shared at those functions and provided me with a lot of encouragement.

Since childhood, my poems have been published in a number of national newspapers. While I was growing up, my father's friends, Mr. Keshav Aryal and Mr. Prabhu Narayan Basnet, have helped me in getting some of my poems published. During my high school days at St. Xavier's College in Maithighar, I served as an executive editor of a Nepali literary trimonthly magazine called, Prawaha, meaning a natural flow. During my days in high school, a dear friend of mine, Sonam Dorje Sherpa, helped me a lot by providing support to balance my classwork with my literary pursuits.

By the time I was nineteen years old, I had arrived in the United States to attend college. For six years, I rarely wrote, and my writing became rusty. After completing a bachelor's degree and working for a little more than a year, I came to Madison, Wisconsin, to pursue a master's degree at the University of Wisconsin. While in Madison, a notable Nepali literary figure, Dinar Shrestha, coordinated a Nepali literary evening every year in association with the Nepali American Friendship Association of Madison. The event is sponsored by the four daughters of distinguished Nepali literary figure, the late Bijaya Malla, the four daughters being Uma, Shrijana, Archana, and Bandana Malla. I started participating every year in that event, and so my slothful pen woke up again.

As I started writing again, the poems from the past and new poems added up to make this book. Now that I have been in the United States for almost a decade, a few American friends of mine requested that I translate a few of my poems in English. English is a difficult language to translate into, and translating Nepali poetry into English may not convey the exact same flavor of the poem. Regardless, I have translated a few poems. After the translations, I felt that the poems might have lost some intensity. However, I wanted to include them so that adept translators can see an opportunity in the field of translation of Nepali literature, to take it worldwide.

I would like to thank a friend of mine, Kristi Otto, a native speaker of English, for going through my English translations and providing feedback. I am also thankful to my friend, Subarna Dhital, an avid reader of both English and Nepali literature, for going through both

Nepali and English versions of my poems and providing suggestions. I am thankful to my friend, Poonam Pokharel, for drawing the cover art of this book and friend Santosh Bhattarai, Poonam's husband, for converting the cover art to digital form. Many thanks to friend Bipin Karmacharya too for enhancing the cover art for printing.

Lastly, I am also grateful to my grandfather-in-law, Damodar Timilsina; grandmother-in-law, Kalawati Timilsina; father-in-law, Uttam Raj Timilsina; mother-in-law, Sita Timilsina; uncles and aunts-in-law and brothers and sisters-in-laws for their continuous support.

Please send your feedback, suggestions, or questions about the poems to my email lmn.santosh@gmail.com.

Thank you!

www.ingramcontent.com/pod-product-compliance
Lightning Source LLC
Chambersburg PA
CBHW051258170626
46809CB00004B/1710
* 9 7 8 9 9 3 7 2 9 9 8 3 1 *